U0080835

生命的醒悟

心轉命轉！

陳亦純 著

目錄

推薦序

•

許舒博

中華民國全國商業總會 副理事長
台灣人壽保險股份有限公司 副董事長
中華民國人壽保險文教基金會 董事長

　　每個人來到這世間，都是那麼地天真無邪，那麼地可愛，但為何每個人的成長，卻是充滿了變化過程；轉折，結論總是不一樣！

　　成功、失敗、平凡、非凡，各有所在，然為何如此微妙？

　　有人說，是上輩子果業，也有一說是命運，是八字輕重。

　　但真的是如此嗎？每個人出生一輩子，大家都想成功、勝利、富貴、權利、地位，但並非人人可及。

　　有許多書都告訴我們許多道理、原則，如何才能追求成功人生，但是又有誰可以說，何謂成

功人生，它，有標竿嗎？

　　我認為，沒有！沒有任何標準，任何追求方向，目標都不一致。

　　這本書不是在告訴你如何去做！如何去努力！而是透過許多不同實例，讓每位讀者能靜心思考，思考的對象不是別人而是自我！

　　問自己，我是誰？誰是我？我要如何存在人世間，人世間何處又是我歸處，相信若能好好用心體會，將會開創你人生---新生命！

第一章

自覺

自序

•

　　同樣的年代，一樣的機會，出身背景差不多，為何日後的演變大不同，不要怪命運，不必牽拖他人，傑出與落寞，關鍵往往都是出在自己。

　　傑出的人士具備「激情的人生態度」，不怨天、不尤人，不！應該說，他根本沒有怨天尤人的想法和時間，他追求成功，追求脫穎而出，追求一切的可能，他要財富、地位、健康、跳脫困難、更追求快樂！他的時間用在思考行動的方法、改善不正確的步驟和達成他的人生使命！

　　相反的，大部分的人具備的是「悲情的生命態度」，不敢要、不敢想，太多的不可能充塞在他的腦裡和心中。

　　怨天尤人，心無大志，庸庸碌碌，不願去挑戰，害怕失敗，要的只是穩定的收入和不變的日子，甚至對成功者嗤之以鼻，認為他們是有好的長輩和出身。

　　埋怨、不甘心，讓他們更加地無法突破。

　　其實，「激情的人生態度」是可以培養和學

習的，但是你要能接受貴人的指點和勸導，貴人是甚麼？有益的書本，智慧的演講，被熱烈傳播的音頻和視頻。

　　但再好的書本、演講、影片，如果你不去接收，不敞開胸懷去看待，還是得不到機會的。所以最好的貴人是你自己，只有自己才能幫你成長，你「絕對」需要「正面的生命態度」，你要自信、樂觀、積極、勇氣、堅持、樂於助人，並且有明確的人生使命，使命就是目標，目標就是依循的道路。

　　未來的人生由你今天的想法所決定，你的生命可以很精彩，也可以很平淡無味，你可以成功，也可能失敗，只要醒悟，心轉命就轉，一切都在你自己的掌握！

　　本書的內容大部份在工商時報、人間福報登載過，受到甚大的迴響！

　　你可以成功的，在讀這些引導性的文章你就開始要掙脫命運的枷鎖了！

陳永純

1

好命與壞命都是自己造成的

　　有一年的春節，同事和我一起從台灣的東北角宜蘭縣開車回台北，當時高速公路還沒蓋好，所以得走北宜九彎十八拐的山路。

　　沿路我和朋友有說有笑，奇怪的是朋友問了幾次，是不是由他來開。我說這條路我常走，我比較熟，我來開比較合適。

　　這一趟路感覺開車開得很舒服，但是心裡有一點納悶，照理說，過節期間出遊的車應該會很多，路上一定堵車。可是我卻開得一路無阻，前面都沒車。

　　到了中途站，我把車停在路邊稍做休息，並跟朋友說道：「今天真是好，一路都沒堵車！實在太棒了！」我的朋友露出了一臉怪異的表情，

生命導航

格局決定結局。你的心有多大，你就能做多大的事。

看著我說：「老大，你回頭看看後面！」

我這一轉頭。哇！不得了。整個山路曲折蜿蜒，迤邐著長長的明亮車龍，少說有百來部的車一輛挨著一輛接踵而來。

原來是我開得太慢了，我的後面又跟著兩部有修養不超車的駕駛人。所以整條山路被我堵個滿滿。

霎時我轟然頓悟了兩個觀念。

第一個觀念是，原來人生很多問題都是自己的因素。常有人喜歡埋怨，怪別人、怪環境、怪時機、怪家人。

「沒有錢不要怪政府，長得醜不要怪父母，有痔瘡不要怪屁股，做不好不要怪川普（特朗普）。」

怪來怪去就是不懂得怪自己，殊不知大部分的問題都來自本身，甚至自己才是造成最大禍害的根源。

第二個頓悟是，別小看自己，你有機會突然轉運的。

老天爺有時會給人機會，好比突然間你受賞

生命導航

人生很多問題都是自己的因素，自己才是造成最大禍害的根源。

識讓你接了一個好職位、或因某個主管離職讓你得到一個大團隊、或者是朋友看上你的能力成立公司讓你管理，或者是你突然接到一個大 CASE，成了大英雄。

總之，突然黃袍加身成了不折不扣的領導人或大明星。

當機會降臨時，你接不接？當然接吧！

「格局決定結局。」你的心有多大，你就能做多大的事。

老是計較眼前的得失，你會看不到寬闊的大路！其實你如果願意改變自己的看法，改造自己的做法，找出自己的心法，你就會有辦法。

生命導航
最好的貴人是你自己，只有自己才能幫你成長！

2

定位改變地位

一位朋友的媽媽住院，醫院的名字是「健仁醫院」，健康的健，仁愛的仁，很好的名字。她打電話過去要找媽媽。

總機小姐電話一接：「健仁！你好！」口氣很硬，顯然繁忙的工作煩躁讓她口氣不是很好。

朋友一聽，脾氣也上來了，媽媽住院，心情已不是很好，小姐的口氣加上醫院的名稱，聽起來就像是罵她「賤人」。她生氣了！

她立刻打電話直接找院長申訴。向院長說，你們總機接電話時罵人是「賤人！」院長大為吃驚，馬上再三道歉，說即刻改善。再過一天，她打電話過去了。聽出來一樣是那位總機，口氣變溫和多了，最重要的是她的接話詞改了「您好，

生命導航

人和人之間的差異在於有些人知道自己要什麼，另一些人不清楚自己要的是甚麼！

這裡是健仁！」

一樣的名稱，但改變了定位點，一切都變了。有些人對社會心存怨恨，自己有高學歷，甚至家庭可支援，但一路走來顛顛簸簸，苦不堪言。

其實大部分的問題都是來自於自己，自己的待人接物態度有問題，或者缺乏自省，不知該如何學習與成長。又缺乏諍友，可以在適當的時機給自己建議，讓自己有回饋的餘地。

所以要知道自己要甚麼，自己的人生定位在哪裡。所謂定位決定地位，你如何給自己定位呢？

哈佛大學曾作過長期且大規模的調查。在一群智力與年齡相近的青年進行了關於人生目標的調查。

結果發現：

3％的人有十分清晰的長遠目標；

10％的人有清晰但比較短期的目標；

60％的人只有一些模糊的目標；

27％的人根本沒有目標。

25年後，哈佛大學的跟蹤調查結果為：

3％的人，25年間他們朝著一個方向不斷努

生命導航

人生沒有後悔的權力，不想後悔，從當下開始！

力，成了社會各界精英、行業領袖。

　　10％的人，他們短期目標不斷實現，成為各領域的成功人士，生活在社會中上層，事業有成。

　　60％的人，他們安穩的生活和工作，大部分在社會中下層，胸無大志，事業平平。

　　餘下的27％的人，他們的生活沒有目標，過得很不如意，工作不穩定，入不敷出，常常抱怨社會，抱怨這個「不肯給他們機會」的世界。

　　其實，人和人之間的差別僅僅在於在年輕時，有些人知道自己到底要什麼，而另一些人不清楚或很不清楚自己要的是什麼。

　　同樣的人生，不一樣的結果，差別的是你到底要甚麼樣的人生，你敢建立人生的藍圖，然後堅持前往嗎？

生命導航╱
同樣的人生，不一樣的結果，差別的是你到底要甚麼樣的人生。

3

人生的格局

　　一位年輕人，興高采烈地進入一家西餐廳，要來一份 Menu，看了看後，突然大聲的叫道：「服務員！」

　　這一叫，把隔壁老先生給嚇了一跳，湯匙失手掉了下去，老先生埋怨地責怪：「怎麼這麼大聲叫呢？」年輕人一面道歉，一面解釋地說：「我今天實在太高興了，所以來餐廳叫個大餐犒賞自己！

　　「我是賣橘子的，早上一出門，兩簍橘子一下子就賣完了，我可以休息三天不用工作，所以非常高興！」

　　老先生搖搖頭：「年輕人，你太膚淺了！」

　　他從口袋裡拿出一個小盒子，倒在玻璃水杯

生命導航 ／

做大夢者做大事，做小夢者做小事，不做夢成不了事，做惡夢到處生事。

裡，咚咚兩聲。

「你看到這是什麼嗎？」「好像是鑽石！」年輕人回答。「沒錯，算你有眼光。待會兒有人會來拿，我三年的開銷都有了，你看我有很高興嗎？」

所謂格局決定人生，世界的大小是因為自己的作為，沒有人心甘情願的困在一個小範圍裡，但這樣的結局是因為自己的視野和態度所造成的。

決定十年後生活，不是十年後作啥，是你現在做甚麼，你為未來作甚麼。

所謂作大夢者作大事，作小夢者作小事，不作夢成不了事，作惡夢到處生事。

沒有挑戰性的目標不是目標。參加鄉鎮的比賽只有鄉鎮的成績，參加全國比賽就會有全國成績。參加奧運就會和世界高手比賽，你的成績當然會拉高到世界水準。

暢銷書「心靈雞湯」作者馬克漢森說過：「**唯有不可思議的目標才能產生不可思議的結果。**」

博恩崔西說：「**成功等於目標，其他一切都是這句話的註解。**」所謂的成功就是實現你的目

生命導航 ╱

成功等於目標，其他一切都是這句話的註解。

標。你把目標實現了，就等於得到一個成功。

安東尼羅賓說：「**沒有不合理的目標，只有不合理的期限！**」

他還說：「大部分的人都高估自己一年做到的事情，但是嚴重低估自己 10 年能做的事情。」

三十歲之前你要確定你的一生要走甚麼樣的路，40 歲前要在你所選擇的路得到成果。50 歲時你已有所成。60 歲享受成果。

人的一生有七個機會，每個機會七年，年輕時不成熟，兩個機會抓不到。年紀太老時，兩個機會不敢去抓。剩下三個機會，可能會錯誤兩次，所以真正的機會只剩下一次。你要如何掌握機會呢？

人生沒有後悔的權力，不想後悔，從當下開始。

生命導航

人和人之間的差別在於，有些人知道自己要什麼，另一些人不清楚自己要的是什麼。

4

喚醒植物人

一個專門收留植物人的醫院，一天聘用了剛從學校畢業的菜鳥護理人員。

院長要他去為一個已經躺了十多年的植物人採血，他看到躺著不動的植物人心裡本來就發慌，她顫抖的把注射針筒給插進植物人手臂血管，但採不到血。

她又換另外的部位，還是採不到血，她滿頭冒汗，就這樣子他從手、脖子、腳趾頭，不停的試，不停的把針頭插進去又拔出來！

突然間，這一位幾十年都不動的植物人，忽然從床上躍上來！

大叫一聲：「你夠了沒！不會痛啊！」

這位菜鳥妹妹嚇死了，針筒一丟，立刻落荒

生命導航 /

想要脫穎而出，需要一次又一次的嘗試！

而逃。

第二天院長找她，她想說糟糕了，這下子工作泡湯了！

可是院長看到她，拍拍她肩膀，說：「妳建立了大功，妳把一個睡了十幾年的植物人給叫醒了，他的家人都很高興，我要給你獎金，還要給你披上紅肩帶！」

如果你是一位行銷人員，在行銷的過程當中，會不會常常覺得，公司的產品好、價格低、性價比非常的高，但客戶卻是一臉茫然、兩眼無神、耳朵有聽沒有懂，你也談了很多產品的功能使用的方法，但是客戶就像植物人一樣，無動於衷，不為所動。

要怎麼辦呢？建議就要像這位妹妹一樣，要不停的，一次又一次一次的嘗試。

不要放棄，不要試了幾次，就說我不行、我做不到、客戶不接受、客戶不會買的。

或者說我不適合這行業、我要離開了這個行業。如果你有這種想法，你不過又做了一次逃兵罷了。

生命導航

除了有些客戶像是植物人之外，有時客戶像是三歲小孩！

客戶的購買心理，有時是無理性，講不清的。有時是理性，但有時是感性，有時候卻是率性。

　　但不管如何，你要全力以赴，你要去抓他的痛點，也要展現你的亮點。

　　除了有些客戶像是植物人之外，有時候客戶像是三歲小孩，他搞不清楚狀況，他會講一些自己都不知道的言論，甚至無厘頭的隨意批判，隨意的謾罵！

　　對 3 歲的小孩，他在鬧，他在地上打滾，家長會打他嗎？打他有效嗎？

　　只有好好的開導，好好安撫，勸說！你的耐心，你的愛心，你才會得到小孩的安靜和接受。

　　客戶是不能打的，不能罵的，你的愛心和耐心會讓你有回報和得到成就！

　　你的成果和收穫不可能一蹴即成，傑出是靠時間的累積，經驗的堆疊。

　　你要努力的學習，要不斷的嘗試，甚至，也要不計顏面的闖蕩！

生命導航 ╱

你要努力的學習，要不斷的嘗試，甚至，也要不計顏面的闖蕩！

5

擁有隨機應變的能力，比天才吃香

　　一個旅行團到印度，大家爭相購買富有當地特色的小禮品。顏色亮麗，精緻美觀的扇子尤其受歡迎，而且價格低廉，大家一買就是一大把。

　　可是回到旅館後，先是有人大叫「被騙了！扇子品質很差！」大家趕緊拿出來，試著也揮搧一下，果真中看不中用，不是扇面破了，就是扇骨裂開。

　　第二天，剛好又到賣扇子的攤販附近，有人就拿下去理論。

　　天性直率的印度小販堅持他賣的扇子沒問題，一定是他們使用方法不對。要他們搧給他看。一搧，扇子又破了。

　　印度小販看到他們的搧法，搖搖頭，意思是

生命導航

一個用法，各自表述，你不能說他不對，你錯我對，這是個人的見解不同！

說你使用的方法不對，看他的。

他把扇子打開，放在臉前面。

居然在大家的驚訝中他把頭左右搖晃起來，當然扇子不會有問題了！

這代表什麼，一把扇子，用法各自表述，你不能說他不對，各有各的使用方法，方法千百種，你不能說你錯我對，或只有我的方法才正確吧！

愛因斯坦成為著名的大學者後，常常接受到各處演講，於是就請了一個司機。一般的司機通常在老闆上課時在車上休息，不過，這個司機很有好學之心，愛因斯坦講課，他就在下面聽。

過了半年以後，有一天，司機跟愛因斯坦說：「先生，你講的那一套，我都學會了。」

愛因斯坦大笑說：「我講的那些都是很專業的，你怎麼學得會？不然，你說給我聽看看。」

司機就從頭到尾講了一遍給愛因斯坦聽，講得很好。愛因斯坦心想：「我這麼久才想出來的理論，你開了半年車，就都給我學去了。」

愛因斯坦心理很不平衡，於是就說：「好，那改天你穿我的衣服上臺去演講，我穿你的衣服

生命導航 ╱
山不會路會轉，路不肯轉人能轉，人不會轉事要轉，事會轉命運就轉！

在下面當司機，這樣你敢不敢？」司機就說：「好呀！試試看。」

於是，有一天司機就穿愛因斯坦的衣服上臺去演講，從頭到尾講了一遍，講得很好，聽眾在台下一直鼓掌。但是，突然間就有一個觀眾問了一個很深入、很專業的問題。

愛因斯坦心想：「哈哈！這下子你糗大了，我看你怎麼下臺！」

沒想到司機說：「你這個問題太簡單了，為了證明它有多簡單，我叫我的司機給你回答就好了！」

山不會轉路會轉，路不肯轉人能轉，人不會轉事要轉，事會轉命運就轉。

人要有隨機應變，機智轉圜的能力，因為你永遠不知道人生的下一步路是如何轉變的！

6

笑口常開好運來

日本的推銷之神原一平，他光是研究笑容，就分辨出三十八種不同的呈現。他還常常面對鏡子，研究自己的笑容是否得當、真誠。他告訴我們的原則是：光是笑也要專業與敬業。

一個老是愁眉苦臉的人，他往往身處在高壓力下，對於事情的鑽牛角尖，讓他難以伸展手腳。

笑口常開之人，處事較為圓融，對事情的包容性也較寬闊。

松下幸之助也說過，熱情的人容易成功，一臉嚴肅的人做事不容易順利。

因為以科學觀念而言，笑口常開拉動顏面神經，進而觸動右腦活動，右腦活動會分泌腦內嗎啡，刺激回來使內心充滿活力，舉止更熱情有勁。

生命導航 /
熱情的人容易成功，一臉嚴肅的人做事不容易順利！

笑容與修養都是可以訓練的，每天想辦法讓自己笑，主動對別人開口笑，甚至講笑話，持之以恆，自然養成樂觀習慣。

笑容可以迎賓，可以和氣生財，笑容是職場的祥和之氣，笑帶著無限生機！

男人可以長得醜，但不能不嘴甜。女人可以長得醜，但不能沒笑容。

笑也是婦德之一，一笑遮百醜。長得再不怎麼的人因為笑，臉的線條柔和，呈現出來的氣質就較美，較討人喜愛。

笑的時候牽動的骨骼是六根，而繃著臉反而牽動 14 根骨骼，何必就難去易呢？一個脾氣不好、口氣不好的人，縱使心地再好，也不能稱為是好人。

上等人是有本事、沒脾氣，笑容可掬。

中等人是有本事、有脾氣，陰晴難定。

下等人是沒本事、有脾氣，望而生厭。

如果你是行銷人員，要把業務作好，先練就一副好面孔。但也要切記，笑是一種心裡的發射，絕不是虛偽的裝飾。不要當個笑面虎，讓人心生

生命導航

笑容可以迎賓，可以和氣生財，笑容是職場的祥和之氣，笑帶著無限生機。

提防；也不要笑而謔，講出不入流、難登大雅之堂的言語。

笑容要給人信心、實在、親切，笑容是修養、修練的結果。

證嚴法師說：這世界四種人，富中之富、貧中之富、貧中之貧、富中之貧。

有錢的人兼有涵養，格局寬大，是富中之富。

清貧之人恬淡自如、熱情樂觀，他是充實之人。

無錢又緊繃，或有錢而貪煙，都是真貧之人。你會笑容常開嗎？

能笑是福氣，常常展現笑容是有福之人，笑聲會迎客、聚客，人們喜歡到有笑聲的店去消費，喜歡一個有笑臉的行銷人員，你要讓看到你的人就滿心愉悅，願意和你說話、接觸、做生意。

不會微笑莫開店。寧可微笑生皺紋，莫因嚴肅而蒼老。試試看吧！

生命導航

能笑是福氣，寧可微笑生皺紋，莫因嚴肅而蒼老！

7

心態轉換，海闊天空

　　一位台灣陳姓名企管講師他到上海上課。突然間，手機鈴響，拿起手機，對方劈頭說：「葬儀社嗎！我要訂花籃！」

　　真是觸霉頭「甚麼葬儀社！我是講師啦！我在上課，你打錯了！」

　　第二天，又接到不同人打來的。「喂，葬儀社嗎！我要訂花籃！」

　　這一天，十多通國際電話來要訂花藍，累到沒力氣罵人，問打電話過來的人，為什麼你們都以為我是葬儀社．......

　　他們說：他們接到長輩過世的訃文，照著上面的專線，打過來的啊！

　　是那一家葬儀社發的訃文？是龍 X 公司。

生命導航／

念頭一轉，海闊天空。

立刻打電話去龍 X 公司罵人，要他們解決問題。不料龍 X 說：「對不起，訃文沒校好，電話號碼印錯了！」「那你趕快補救啊！」

「來不及了，已經寄出 1000 多份了，追不回來了！」

完了！這一趟上海行將是多麼慘烈！估計還可能接上百通以上訂花籃的電話，才能擺平！

睡覺時，欲哭無淚，輾轉難眠，招誰惹誰！

但突然靈光乍響！

人家一輩子就死這麼一次，你好歹也幫幫忙啊！讓他死得光彩一些嘛！

所以，第二天早上起床，他改變了心意！.

「請問你這裡是葬儀社嗎？」「是的！請問你要訂花籃嗎？」「對的！」

「好的！請問你要訂那一種？1000 元或 2000 元的？」「2000 元！」

「喔！好，能否請你留下你的手機和姓名？」「感謝你！很高興能為你服務。」.

然後，將一長串的訂花籃名單，傳回台北公司，請助理通知龍 X 公司去追縱！

生命導航／

當接到推銷人員的招攬電話時，將心比心，鼓勵他！

也有從海外打來訂花籃的！不只是幫他登記，訂花籃！還在電話中，和對方聊天、安慰他。後來知道，往生者是一個老人家，大好人。

　　有些人都是一邊訂花籃、一邊哭。雖然，素昧平生，但，無妨啦，願你一路好走！也算是功德一件吧！

　　念頭一轉，海闊天空，心情好多了，課程上下來也特別得心應手。

　　我們有時候在忙碌中，突然手機響，要你買保險、買車子，或者要不要借錢。真是煩人，搞得心情很不好。但想一想，有時我們和準客戶連絡，他們也會不開心的。

　　因此，將心比心，當推銷員打電話來的時候，不要罵他、不要口氣不好、不要立即掛電話。

　　你和氣地對他說：「抱歉，我暫時沒有需要，請你再和其他準客戶聯繫，祝好運！」

　　你如何對待別人，別人也會如何對待你的，不要管別人如何對待你，先問你是如何對待別人！

生命導航

你如何對待別人，別人也會如何對待你的，不要管別人如何對待你，先問你是如何對待別人的！

8

突破障礙，創造奇蹟

英國出名的短跑教練亨利・安德斯 Henry Andrews 曾說：「受限於人類的體能，人類一哩短跑的紀錄是 4 分 12.75 秒，這個紀錄將無人可破。」

這句話維持了 50 年，果然沒有人突破這個限制。但在 1954 年，羅傑・班尼斯突然一路跑出 3 分 59.4 秒的紀錄。讓人驚訝的，那一年全球居然有 37 位選手跟著突破了四分鐘的障礙。

是人類的體能進化了嗎？不是，是人類的心智突破了迷障，當其他選手看到居然有人能破除障礙，在別人能我也能的心態下，當然一躍通過了。

我認識一位保險界的傳奇人物，她原是一位

生命導航 /
人生與事業兩方面的成就，取決於您長期來所養成的習慣！

廣告界的好手，年薪已經三百萬，而且輕鬆愉快，看來並不可能轉行，但在她的處經理鍥而不捨努力下，她放棄高薪過來保險公司當一個無底薪的業務專員。一開始，她說她清楚該怎麼作，她要收入比以往高，日子要比以往輕鬆。大家都說她瘋了，哪有這麼簡單的事。

但有成功經驗的人到哪裡都是可以繼續成功的。她的策略是第一年自己謀求市場經驗，她專銷售千萬保額的保單，以她的人脈和以往的口碑，她輕易的賺得千萬佣金收入；別人還在訝異當中，她第二年起開始發展團隊，她專找有傑出經驗的人，她只不過挑了三個人作傳承，但每個人都是她的分身，賣高保額、找傑出的人。她要他們Copy她的做法，她在複製成功模式。

不到五年，她的組織突破百人，每個月業績過千萬，她的年收入都是千萬，而且日子真的比以往輕鬆愉快。因為已經是被動式收入高漲的時候了。

太多人習慣說不可能、作不到、哪有可能。殊不知這已陷入了失敗的枷鎖中。

生命導航

習慣成功，你可以容易成功，習慣失敗，你常常陷入失敗。

博恩崔西說：「**人生與事業兩方面的成就，取決於您長期來所養成的習慣。習慣成功，你可以容易成功。習慣失敗，你常常陷入失敗。**」

馬戲團的大象被小小的鏈子綁在柱子上，其實他只要一拉，鏈子將應聲而倒，但因從小所建立的經驗，只要一動，無情的鞭子隨即打下，所以看到鏈子牠就聯想到鞭子，是牠被自己的心智給框住了。

目前是 AI 時代，充滿了無限的可能與機會。但大部分的人仍陷在以往的經驗環境和思考中，因此突出者只是小部份，能一躍而出的究竟少數，大部分的人還是人云亦云，甘心自我的束縛。

要為成功找方法，莫為失敗找理由。在別人工作時，我們已躍升為在做功德；別人休息時，我們修行。具備如此的觀念，障礙不在，奇蹟可以常來。

生命導航 /
在別人工作時，我們已躍升為在做功德；別人休息時，我們修行！

9

不會唱歌的爵士歌王

　　一位小夥子，每天在小酒吧裡彈鋼琴，因為彈得很好，晚上都吸引很多慕名而來的聽眾。大家認真聽他的彈奏，但有天一位常客對他說：『我每天聽你彈奏的都是這些曲子，你不如唱首歌給大家聽吧！』

　　大家紛紛鼓掌起哄，但小夥子卻靦腆的說：『我只會彈樂器，沒有學過唱歌，會唱得很難聽。』但這位常客鼓勵說：『小夥子，說不定你是個天才呢！試試看吧！』

　　在大家的堅持之下，他只好紅著臉，唱了一曲『蒙娜麗莎』，誰知道他這一開口，真是一鳴驚人！大家對他流暢自然、低沉有磁性的歌聲迷住了，建議他走向流行歌壇。這位當初說不會唱

生命導航 ╱

人生若有大目標，千斤重擔我敢挑，人生若無大目標，一根稻草壓彎腰！

歌的小夥子，後來居然成為美國著名的爵士歌王，他就是『納金高』（Nat King Cole，1919.3.17 － 1965.2.15）。

　　人若擺錯了位置，可能永遠就是庸才。但人們往往不清楚自己的位置，找不到自己的優勢，看不到發揮的舞臺，最後浪費了資源，埋沒了自己的才能。

　　不要老是說：「**不可能、做不到、沒辦法！**」你要常說：「**『沒問題！很好！感謝您！』正面的言詞會給你力量！**」

　　人的潛力自己往往不知道，有時也不知道自己適合甚麼樣的角色，或者說，他對自己的不清楚，以致自己迷失了找到對的方向和發揮的途徑。

　　這世界上的人大都沒有明確的人生目標，他們安於現狀，或者說，對現狀有一天算一天，不敢奢望，不敢挑戰，甚至不敢去思考萬一這份工作發生危機，自己的能力會被取代或淘汰，自己要淪入悲慘的命運。

　　天生有領導能力的人就大不同了。他知道要帶領大家到哪裡去，會勇於承擔和進行執行的責

生命導航 /

天生有領導能力的人，他知道要帶領大家到哪裡去，會勇於承擔和進行執行的責任。

任，會堅持前進，雖然困難重重，但他會咬著牙努力排除障礙，經過重重的奮鬥，成功的局面就會來到。

人生若有大目標，千斤重擔我敢挑，人生若無大目標，一根稻草壓彎腰。

目標對有企圖心、有能力的人而言，目標是他的動力，當他想到他的目標，看著目標的藍圖日復一日的實現時，他的快樂情緒讓他崔喜般的興奮。因為興奮，他更加有活力，更會有吸鐵般的吸引力，把志同道合的人吸到身邊來。

相對的，不敢挑戰人生，甘居被領導的人，就只好渾渾噩噩度日了。

生命導航

目標對有企圖心、有能力的人而言，目標是他的動力，會像吸鐵般的把成功吸引到身邊來。

10

我的人生目標我決定

一位學員向老師問道：「老師，您教導我們要做好目標管理，請問您自己有作嗎？」

「當然有啊！」老師回答。

這時學員出示他的目標卡，「我的人生目標只有三個，一個是六十五歲退休，財務自主。第二是身體健康。第三是退休後可以隨心所欲的到世界各地旅遊！」

「老師！您看我現在幾歲了？」學員又問老師。

老師回答說：「大概 40 多或者 50 出頭！」

「不！我再兩年就要退休了！」

外表看來比年紀小，顯然身體狀況良好。

「我美國五十州都走遍了，也常到國外的旅

生命導航

夢想加上行動、計畫，就是目標 ！

遊，我計畫兩年後每年用三個月到半年的時間遊歷世界各國。」

能快樂的到世界各地遊玩，財務自由當然不在話下。

這名學員說：「我每天一早將目標卡和工作清單比對，如果要做的事情對目標是沒有幫助的，我就把它畫掉或調整先後次序，我要每天所做的事情，距離我的人生目標近一點。」

有一句話如此說：「**夢想加上行動、計畫，就是目標！**」，目標是想要達成的人生藍圖，雖然難行還是要行！

「**是日已過，命亦隨減，如少水魚，斯有何樂。當勤精進，慎勿放逸。**」這是佛經上的警示，告訴我們每過一天，生命就少一天。該積極的看待自己的所作所為，體會所做的事情是否有價值，有意義！

南茜和喬治是對恩愛的老夫妻，南茜在七十歲那年中風住進療養院，喬治常去陪妻子，並推著輪椅帶她到各房間去串門子、念詩篇給大家聽，喬治的聲音美妙，常常吸引很多人在旁聆聽。

生命導航

是日已過，命亦隨減，如少水魚，斯有何樂。當勤精進，慎勿放逸。

南茜過世後，喬治傷心欲絕，提不起精神。

有一天，他到療養院辦手續，被一位失智的老先生認出來，問他說：「喬治，你今天要為我們念那一首詩？」

喬治愣住了，一旁的護士遞過來一本詩集對喬治說：「他們都在期待你呢！」

當喬治念著詩篇時，就像以往，老人圍靠過來，大家用虔誠的心共同享受著溫暖的時光。

喬治頓時明白，雖然南茜走了，但他對南茜的愛可以在療養院發芽發光。

他為大家的誦讀，其實是南茜留下來的愛！

一生其實甚短暫，你有生命的目標嗎？你可以創造出屬於你自己的生命意義嗎？

你的生命你自己作主，你對你的生命展現，自己可以讚嘆嗎？

生命導航

一生其實甚短暫，你有生命的目標嗎？你可以創造出屬於你自己的生命意義嗎？

11

贏的意念

有一部勵志電影，主角名叫強生，精力充沛，信心十足，在奧運滑雪比賽前，記者問他：「請問誰將獲得第一名？」

強生回答：「這問題問得太笨了，你不該問『誰將是第一名』，而是該問『誰將獲得第二名』，因為第一名當然是我！」

這話講得狂，但也顯得他有自信。一個有自信心的人，代表他有實力，相信自己的能力比別人強。

在很多以銷售為主的公司，如保險、傳銷、房屋仲介等，通常在競賽時，都是些老面孔得勝。他們為何常年蟬聯勝利寶座？應該是他們相信自己能力勝人一籌，他們有勝利的方法及要領，而

生命導航
一個有自信心的人，代表他有實力，相信自己的能力比別人強。

且他們願意全力去保護這榮耀，在比賽一開始時就已準備去贏這場比賽。

有些人以為得勝者大部分來自好機運。

沒錯，贏家也認為自己機運好，因為他的心態早已調到最平衡的狀態；他沒犯差錯，他全力以赴，因此也可以這麼說：「百分之九十九遇到好運氣的人，總是由自己去創造好運氣。」戴爾‧卡內基說過：「如果你要變得積極，你的行動就必須積極。」怨天尤人，只會惹人生厭，得不到別人喜歡與助力。

為什麼輸家總是不會贏？因為就如電腦，他儲存的是負的因子，所顯現出來的當然是負數。贏家的念頭電波不但傳遞贏的信息，也影響別人的情緒，當他往勝利之路邁進時，兩旁的人們會為他喝采與鼓掌，喝采和鼓掌是高能量，高能量傳遞的是難以想像的力量，所以一個已經體力用盡，搖搖欲墜的長跑選手，因為觀眾的鼓勵而堅持到最後一刻。

英國政府智庫「前瞻」發表報告，如果一個人要從事業上得到成就，就必須增加「心智資

生命導航

贏家認為自己機運好，因為他的心態早已調到最平衡的狀態。

本」，心智資本是是所謂心靈成熟，不去做違背良知的事情。智慧圓滿，處事愉悅，不造成自己和別人的困擾。

心智資本提高，自然思想健康，態度良好，想的事情都是正面，念頭是正面，說的話也是正面語言，做的事，做的事情也都朝正向走，當然負面念波不存在，得到的都是贏的成果。

如何讓心智資本提高呢？

每天做五件與心智健康有關的事，就如同一日五蔬果可促進身體健康。

這五件事是聯誼、活動、好奇、學習、分享。聯誼是主動爭取友誼。活動是活力無限。好奇是去探索有可能的空間和領域。

學習讓生命不老化。分享則是助人，不論是時間、智慧、金錢。

每日五智行，常保喜悅心，增長生命力，對生命是有益的。

生命導航

心智資本提高，自然思想健康，態度良好。

12

凡事全力以赴

曾經擔任過美國參謀長的鮑威爾（Colin Powell）回憶他在汽水廠工作的經驗：「有人對我講三個掘溝工人的故事。

第一個拄著鏟子說他將來一定會做老闆。

第二個抱怨工作時間太長，報酬太低。

第三個只是默默地低頭挖溝。

過了若干年，第一個仍在拄著鏟子。第二個虛報工傷，找到藉口退休。第三個呢？他成了那家公司的老闆。

這個故事的啟示是：不管你做甚麼，總會有人注意的！所以我打定主意，如果我是個工人，那麼我就是最好的工人。

有一次，有人打碎了五十箱汽水，弄得滿地

生命導航 ╱

不管你做甚麼，總會有人注意的。

都是黏乎乎咖啡色泡沫。我很生氣，但還是忍著性子抹乾淨地板。

過了不久，工頭對我說：「你抹地板抹得真乾淨。」第二年我被調往裝瓶部，第三年升為副工頭。以後我始終記得這個道理：凡事全力以赴。我知道不管我做甚麼，總會有人注意的！

不論你的專業是甚麼，不論你現在的成就如何，要在你的行業中出類拔萃，唯有從細微作起、從別人不作處作起、從全力以赴達到盡善盡美。

不管你做甚麼，總會有人注意的！不要計較，不要埋怨，八十年代一代歌壇巨星高凌風在面臨癌症侵襲下，謙卑懺悔的說他此時有四不怨。「**不怨天、不怨地、不怨人、不怨己。**」

沒有人不想要創業成功的，創業致富是很多人的美夢。但在創業時，有沒有想過，自己為何要冒險創業？為何要比上班族辛苦？

創業的理念是甚麼？人生的價值感何在？公司上下有沒有清楚公司的方向和目標。大家有沒有為目標同心協力？

如果是為了賺錢謀利，缺乏了一個偉大的精

生命導航

要在你的行業中出類拔萃，唯有從細微做起，從別人不做處做起，從全力以赴達到盡善盡美。

神理念，這公司就會像稻草人，有魂無體，一個
風暴或一個小小的缺口，讓這個公司毀掉。俗話
說：「種李不生桃，種瓜不長豆。」結什麼因，
生什麼果，絲毫不爽的。

美國獨立戰爭時，英軍自恃裝備精良，看不
起烏合之眾的獨立軍，因此表現極為輕率和自大。
當華盛頓帶兵偷渡杜利華河，英軍將此消息緊急
送到防守總部，誰料路亞將軍正和幕僚興高采烈
的玩撲克牌，告急函隨手放在口袋裡，在玩完了
看到此函時，美軍已全部過河，結果英軍全軍覆
沒。

什麼是重要的事？什麼是緊急的事？該做什
麼？該有什麼覺知？這該是有心人最重要的課題。

**每個人都有他與生所具有的天賦，當然也有
他所該擔待的責任。**

**最糟的人是空有天賦但不知如何發揮，人生
空走一遭，甚麼都沒留下足跡。**

生命導航 /

每個人都有他與生所具有的天賦，當然也有他所該擔待的責任。

13

放開包袱，新局才能產生

　　一位老先生上飛機，空姐要帶位，他說不用，他看懂得英文字，空姐瞄到他的登機卡是 4F，在前面而己，所以讓他自己找位子去，但幾分鐘後，空姐看他滿頭大汗，應是找不到位子之故，誰料這位先生先開口問道：「小姐！小姐！請問你們四樓怎麼走，我怎麼一直找不到！」

　　原來他把 4F 當成 4 樓了！

　　這就是自以為是，結果什麼都不是的後果。丟掉舊觀念，放開原有的包袱，新的局面才能產生出來。

　　我記得多年前擔任業務菜鳥的時候，有一次在台北市的長安西路看到一家掛新招牌的公司，心想新公司保險應該還沒買，趕緊和他談，免得

生命導航／
丟掉舊觀念，放開原有的包袱，新的局面才能產生出來。

被人搶先一步，於是立刻進去找負責人談起保險來，而且也順利的把業務做到，保費還不少，前後數年間新保費共收了百萬之多。

但在和這家公司完成業務後，才知道這是一家已有數十年的老公司了，一個老公司該有多少的業務人員進去過，也被拒絕過，而老手們知道是老公司，而且公司在大馬路旁，大概不肯再進去吃閉門羹吧！

當時我若知道它是一家老公司大概也不敢進去，因為成功的機會太低，被趕出去的可能性太大了。但一個新的招牌讓我以為是新公司，心中坦然無懼，認為是好機會，勇敢入內、氣勢逼人、理所當然，所以贏得商機。

我再想到一個實例。

一條短短的七、八公里上班的路程，有時一不小心就會被堵到。

打開愛樂電臺，但有時古典樂曲仍無法讓懊煩的心情得以疏解，聽新聞，種種事件徒增緊張，演講的音頻也聽不下。

因為一心要趕快到公司，公司的一大堆事情

生命導航 ╱

心中坦然無懼，認為是好機會，勇敢入內，氣勢逼人，理所當然，所以贏得商機。

等著要處理，所以心情不能平順。

　　有一天又被堵住，在緩緩移動的車陣中，突然文思泉湧、靈感大起，趕快拿起筆記簿，在空頁上快筆疾書起來，後面的車子按起喇叭，回頭一看原來是催促我快走，前車已離開我好幾十公尺了。

　　車子一停又是快寫，十字路口紅燈一亮，暢意地寫了幾段大綱，本來最討厭紅燈的，但今天盼望都能碰到紅燈。到了一個平時都會打結的路口，居然今天不礙事，心裡反而有些怪它搗蛋。

　　這樣開開停停，寫寫走走的到公司，看了碼表也不過比平常多了五分鐘，但心情覺得愉快的很。

　　原來心情是可以被改變的，一個念頭的移轉，一個偶發狀況都可以使單調的常例變成多采多姿，也會改變存在的事實。

生命導航／
一個念頭的移轉，一個偶發狀況都可以使單調的常例變成多采多姿！

14

福報還要用心惜

　　康熙年間有位樂山大夫，醫術精湛且樂善好施，以致遠近馳名。後兒子當官顯達時，他雖八十多歲，但還不辭辛苦，甚至常到監獄為囚犯義診。

　　有天深夜大雪紛飛，有人急敲門請大夫急診，兒子向來者說：「夜已深，家父年老不敢驚動，明日再前往。」

　　但老人已聞聲而起，說道：「半夜前來，定是急症，不可延遲。」旋即往而赴診。他的樂於助人，福蔭後人，九十多歲時子孫七人為朝中要職，到了七世孫聶雲台還是民國聞人。

　　在工作中植福，作好是功德，作不好是缺德。尤其是攸關世人性命、福祉者，更要小心。

生命導航

在工作中植福，做得好是功德，做不好是缺德，尤其是攸關世人性命福祉者更要小心。

領導階層不可昧良知貪權和貪錢，也不該縱容部屬大肆收刮，置民眾於危險之境！

　　醫藥界者用良心，因為一個人的命和家人的幸福都在一念之仁當中。

　　保險業者盡良心，多賣一張保單，在被保險人發生事故時降低困難。

　　建築業用良心，蓋出來的房子牢靠、安全，住得溫馨，地震時不擔心。

　　食品業不黑心，不用不良品和對身體傷害的化學品。

　　每個人都將心比心，食得下、睡得安穩，如此也才可積德積財。今生有成宿命報，今世更要用心惜。不論來世是何果，但為世人先造福。

　　這是現代人應該要有的觀念，也是為後代子孫造福的良知。除了講到福報因素，我們還必須說，一切都是因緣巧合，因緣果報在影響我們。

　　我曾在香港機場裡與十多年不見的朋友不期而遇。在義大利旅遊時和鄰居隔桌會餐。在廣州，來接待的旅行社經理居然是十年前初入大陸時的小地陪。

生命導航 ╱
今生有成宿命報，今世更要用心惜，不論來世是何果，但為世人先造福。

一次與三個同事閒聊，赫然發現彼此因緣極深。一位是我二十年的舊識，一位是我女兒乾媽的先生的伴郎，另一位則曾是我女兒乾媽的部屬。

　　你不得不感慨因緣的奧妙與世界太小了！

　　邱吉爾罹患瘧疾瀕臨死亡，適時的有醫師發明盤尼西林救好他，召見這醫師當面稱謝時才知這醫師是受邱吉爾父親的資助而就讀醫學院的。

　　台灣新北市的板橋區有位中年商人初識一佳人而提親，誰知準岳母居然是二十多前的女友，當年女友之母嫌他無財無勢，趁在外島當兵而將女兒他嫁，他痛不欲生而發誓不成功不結婚，誰知居然是如此的結果。

　　「十年修得同船渡，百年修得共枕眠。」人與人相知相識，應重視因緣而相惜相重，一時的聚會可能是一生的結合，短暫的衝擊誰知是否會是無期無盡的開始。

　　善待任何人，不論職位高低，「相逢就是有緣」珍惜再相逢。

生命導航

善待任何人，不論職位高低，「相逢就是有緣」珍惜再相逢。

15

敬天愛人

稻盛和夫接受採訪時說：「在創辦京瓷公司之後，開發技術的同時，不斷地思考我今後將要渡過什麼樣的人生，思考過程中，我邂逅了中國明朝，500年前一位袁了凡先生寫的著作叫《陰騭錄——了凡四訓》。

頓時得到了頓悟的感覺，書中寫道：每一個人的人生其實事先都已經被上天所註定，大家都有各自的人生，每個人都會按照命運去渡過自己的人生。

但是人生肯定會遭遇到各種各樣的經歷，在遭遇到每次經歷的時候，每個人心中怎麼樣去想，怎麼樣描繪自己的願望。

信念會改變一個人的命運，在中國會把它稱

生命導航

我不知道我被註定的命運是怎麼樣的，但是通過我不斷的去美化、淨化我的心靈，才有今天若干的成績。

之為因果報應，也就是說如果你心中想的是好的事情，你做的事情是善事的話，肯定會得到好報。

相反一個人如果居心叵測，做一些惡事，肯定會得到惡報。每個人要有關懷他人的慈愛之心，如此，你的命運會轉變。

書中也寫到，人的命運雖然是天生就定位的，但並不是無法改變的宿命。

所以我得到了啟示，從此以後我就認為必須要美化淨化自己的心情。

因為我是技術員出身，之後創立了京瓷公司，要從事經營的工作，但是我對經營的技巧是一竅不通，有的只是我一顆純淨的美好的心靈，最終的結果我走過了一段非常輝煌的人生，這也驗證了這樣的道理，我不知道我被註定的命運是怎麼樣的，但是通過我不斷地去美化、淨化我的心靈，才有了今天若干的成績。」

《了凡四訓》，是明代著名思想家袁了凡給自己兒子寫的告誡書。全書共四個章節，包含了立命、改過、積善、謙德，被譽為「中國歷史第一改命奇書」。

生命導航／

人的命運雖然是天生就定位的，但並不是無法改變的宿命。

曾國藩對《了凡四訓》推崇備至，將這本書列為子侄必讀的「人生智慧書」。

淨空法師一直闡述此書真義，並由影片、動畫、書籍大量推廣。

在這本書中，袁了凡以其畢生的學問與修養，用自己的親身經歷，結合大量真實生動的事例，告誡兒子不要被「命運」束縛手腳，命是可以改變的，要自強不息，改造命運。

了凡四訓對同為漢文體系的日本、韓國、越南，影響甚大，日本人稱為「帶來幸福的書」。

民國初年，印光法師有鑒於民心浮動、躁鬱不安，法師推廣此書，一印行就五百萬本。

我也將此書改寫為「了凡四訓，心想事成」「改變命運的21個秘密（簡體字版）。」了凡四訓口袋書版和音頻版。

《了凡四訓》就是如此一本讓人們簡單易讀易懂的改命轉運的書籍，每個人都應該找來細讀和推廣。

生命導航／

信念會改變一個人的命運，如果你心中想的都是好的事情，你肯定會得到好報。

16

閱讀之樂

在全亞洲推動讀經運動的王財貴教授（季謙先生）說：

如果你的的孩子能背下來「論語」，一萬五千多個字的「論語」，讀完 100 遍就是 150 萬次舌頭的運動。

150 萬次神經網路運動的建立，而人小時候一秒鐘可以有八千個神經元的輸出。

所以從三歲開始背，三歲到五歲，進行 150 萬次的這種運動，人的腦神經結構得到充分的鍛煉，這個人的「硬體」就不一樣了。

中國古人背的十三經，總共是 64 萬字，要是讀了 100 遍，就是上億次的神經元刺激。

所以古時的科舉考試，每三年考一次，每次

生命導航 ╱

要把生命經營好，多讀、多講、多看，強文博記，才有機會脫穎而出。

錄取一兩百位進士，那都是全國最頂尖的人才。他們的大腦跟沒有受過這種訓練的人是不一樣的。

從唐朝以來的中國政治、經濟、軍事、文化上的名人，很多都是進士、舉人的這種水準。

自科舉考試制度建立，狀元出了將近一千人，舉人進士大概有百萬人次，大家都是這麼學的。所以說讀書至少讀 100 遍是一個好方法。

要把生命經營好，多讀、多講、多看、強聞博記，才有機會脫穎而出！

讀書被譽為「生命的美容」。書卷氣自有一種迷人的優雅。多讀書的人氣運自然大不同，談吐也不俗。

有人說；擁有了書卷氣，便消除了傲氣、嬌氣、霸氣、激憤氣、粗俗氣、痞子氣、卑微氣、小市民氣。

擁有了書卷氣，便增加了靜氣、秀氣、靈氣、自在氣、文明氣、富足氣、高貴氣、泱泱大氣。

一部經典，半杯香茗，足以富可敵國、貴比王侯。多讀好書，豐富生活。增加了豐富的生命力。

生命導航

讀書被譽為「生命的美容」書卷氣自有一種迷人的優雅。多讀書的人氣運自然大不同，談吐也不俗。

你一年看幾本書？你買了幾本書？你多久進入書店一次？你買書、學習的費用佔收入的多少百分比。

閱讀還有很多好處。

可以刺激大腦，書本的見解通常非一般泛泛之徒的言談可及。

可以減少壓力，沉浸在某些精彩的故事中，將你帶到不同的王國，迷人的文詞讓你的緊張消失，得到放鬆。

可以增長不同領域的知識。不用出國，不必耗費時間，立即得到不同領域的典故人文和智慧。

可以提高寫作能力和擴大詞彙。讓你在寫作時有豐富的詞彙和精采的演述，讓對方刮目相看。

在閱讀時，可以增強分析思考能力。你會分析書中的人事物，通過書中去揣摩進度和結局。

最重要的是，如果你是一位充滿靈氣的人，談吐不凡，腹有詩書氣自華，見識超群，他人當然多麼的喜歡你了！

生命導航／

如果你是一位充滿靈氣的人，談吐不凡，腹有詩書氣自華，見識超群，他人當然喜歡你！

第二章

鼓舞

楔子

•

　　一個會激勵人心的人是最偉大的人，因為懂得運用激勵的力量，可以改變一個人、一個國家、一個民族甚至世界的命運。

　　在很多史詩電影中，當外敵入侵時，民眾惶惶不可終日，奔逃避難，最危急之時，英雄出現了，對著大家慷慨激昂發表了一篇視死如歸、勇於殺敵的言論，然後帶頭往敵軍奔過去，大家於是奮勇跟隨，當然結局是把敵人打退了。

　　我們看電影後都很難忘懷那樣的奔騰，那是多麼的激情、多麼的煽情。

　　一樣的，公司或團隊的經營有高潮、有低潮，低潮時，若領導人不挺身而出，不能號召大家面對逆境敢於突破，這公司或團隊可能就此一蹶不振，所以領導人要能說出一套言而有物，帶動士氣的言論。

　　你無論是個體戶或創業家，你一個人打拼，或帶著一個團隊開發市場，你必須是一個能夠激勵自己或激勵團隊的領導人，能言善道最好，分

析有理，舉證歷歷。表達力不是特強也無妨，最重要的是出之於真誠的肺腑之言。你不可天花亂墜，憑著欺騙和畫大餅，一次一次的讓夥伴傷心。

　　政客們最敢講，最敢刺激群眾的心，但那並沒有長期功效，很快被看破手腳，因此，善激勵者必須是一個經得起考驗的人。

　　地球過度暖化和資源耗用，風災、火災、地震、水災，風火地水四大劫，再加上旱災、疫情、暴亂與核武危機，我們都親眼看到了末世危機。但除了少數有志之士，挺身而出，大聲疾呼，須正視這些問題的重要性，大多數人還是無動於衷，一副「不到黃河心不死」的冷漠，我們是否像鼓舞自己一樣的，把熱情和火焰傳達正確的生存之道和環保觀念。

　　地球不是我們向祖先繼承的。是我們向子孫借來用的，在江湖行走借來的總是要還，而還的時候總不能千瘡百孔。

17

用愛的行動去改命

哲學家笛卡兒說「我思故我在」，意思是說，身體不過是假像，終究化為塵土，唯有思想才能傳承、留存。很多人都想改命，甚至花了大把錢用在改風水、改名字、改運、食補藥補，這是無濟於事的。

淨空法師在早年的時候身體不好，算命先生說他活不過 45 歲，高僧甘珠活佛也看出來他沒福報、是短命之相。

果然 45 歲那年得了大病，但他不看醫生、不吃藥，他說他發願，學佛後小心謹慎、依教奉行。發願念經弘法，希望能利益眾生、造福社會。

而且覺悟改過，不造業、不造惡，惜福造福。

用慈悲心、平等心愛護一切有緣，包括住的

生命導航 /
身體不過是假象，終究化為塵土，唯有思想得以傳承。

寮房昆蟲都不加以驅趕傷害。這一發心，短命之命變了，相貌也改了。雖屆八旬仍健康無礙。

有些人生病時，藥方有需加以動物之體入藥，果真如此，豈非犧牲他人生命而活自己，自私自利，怎能添福添壽。

把自己的失敗說是命，那是失敗者的藉口；把自己的成功說是幸運，那是成功者的謙虛之詞。

失敗者說命不好，但心裡卻後悔為何沒盡力；成功者說是運好，心裡卻清楚自己所付出的代價。

命運，不是甚麼神秘的力量，而是自我的努力開出的成果。越努力，越幸運。越不努力，命越不好，命運就是如此。

我和一位先生在談話時，他接到一個電話。聽得出來是退休什麼金融商品的，這位先生好言婉拒，最後還說：「這小姐您的商品不錯，但現在我還不需要，祝福你，希望你能夠很快的找到需要的客戶。」

我問他，每天都有很多推銷的電話，你不煩嗎？你都這麼客氣嗎？

「沒錯，我若不要，我都會委婉的拒絕，他

生命導航／
命運，不是甚麼神秘力量，而是自我努力開出來的結果。

們工作已經很辛苦，何不給他們些安慰呢？就當作他們是你家裡的兄弟姊妹，體諒他鼓勵他！」

　　路邊發傳單的，派報的，風吹雨打，一看到人就遞上，但是大部的人不是不當一回事的接下，就是根本不看一眼的拒絕。

　　想一想，他們若是你的親人，你捨得他被如此的對待嗎？ 你何不快樂的接上，順口說一聲謝謝，不差那麼一點時間，不會太麻煩的。

　　給別人溫馨的感覺，也是行善佈施的一種，日行多善並非難事，一聲感謝，一個點頭致意，一個微笑，都是行善，都是愛的分享。

　　常常分享愛的人，到頭來，內心充滿讓人尊敬的情意。

生命導航

常常分享愛的人，到頭來，內心充滿讓人尊敬的情意。！

18

開創藍海，不是紅海廝殺

　　一個猶太小孩在他父親的教誨下，從小就知道，同樣的東西不可和別人一樣的想法，經營法則要創新要與眾不同。當別人賣一公斤銅片35美分時，他已懂得作銅鎖、錶心，達到35元或350元的價值。

　　更神奇的是，當他已是跨國成功的商人時，他知道紐約自由女神像因整修，堆積如山的垃圾沒人要處理。他立刻承辦下來。

　　廢銅鑄成小自由女神，每尊百元以上，木料作基台、紙鎮，鐵、鋁熔鑄成紐約廣場之鑰，灰土作為花盆土，讓花店打著自由女神的塵土宣傳。整個行動帶給他350萬美金的利益，只用了短短三個月，真是好一個垃圾變黃金的實例。

生命導航 ╱

只要有腦筋，垃圾也能變黃金。

一位衣著光鮮的婦女向紐約的銀行貸款，質押品是凱迪拉克的名車，她只貸款 5 千美金，而且 15 天後便又還款。銀行經理在她還款時不解的問她何故。她笑著說，5 千美金 15 天的利息不過幾十元，但車子停在停車場日需百元，趁旅行把車放在銀行省下近千元的停車費，既安全又省錢，這種好事何樂不為呢？

洛磯山脈一老人揚言可以解決當地的野豬侵害農園之患，他只帶著一些木板，別人笑他不知量力，但不消幾天，他已把數十頭野豬抓到了。

他只是在定點放一些野豬喜吃的食物，開始野豬有戒心，但他不驚嚇它們，只是釘下第一塊板子。

第二天又放食物及多一塊木板。逐日增加板子的範圍。野豬每日有得吃、又沒看到立即的危險，於是膽子也來愈大，吃得愈放心，終於在有一天整個圈子被圍起來之後全部束手就縛。

美國有家西服店在售出的西裝的口袋放紙條：「如果您對這件西裝感覺不錯，請您半年內回來告訴我們，本店送您一條名貴領帶。」

生命導航／
軟性訴求，日復一日打開心扉。

你是客人，你會不會回去拿領帶，應該會。只拿領帶嗎？當然不會，可能再作一套，或買一些其他的襯衫啦、休閒服啦，這些投資是不會白白浪費的。

一家餐廳派人在附近的停車場，看到原來投幣的時間快到了，為避免車主逾時受罰，替車主投幣，並放一張條子：「為讓您用餐安心，我們替您投幣了！」

如果你看到這張紙條，你會無動於衷嗎？當然不會。

很多人會去道謝，要把停車費給店家，但店家堅持不收，只是說，希望你們下次再來賞光。

只要被代投幣的一半客人回頭去用餐，或者代為宣傳，這家店的生意是不是更火紅，口碑更卓著。

這些都是藍海的作法，比一些只懂紅海廝殺的人高明太多了！

生命導航

藍海的作法，比一些只懂紅海廝殺的人高明太多了！

19

千錘百煉成高手

美國一家鋼鐵廠曾做了一個實驗。

他們把一個數噸重的大鐵球用粗重的鐵鍊吊在屋頂下，旁邊用一條細鐵鍊綁一個小瓶塞。

用電腦操控這個小瓶塞搖擺撞擊大鐵球，當然是蚊子叮牛角，無動於衷。

但持續敲打了十幾個鐘頭後，突然大鐵球顫晃了一下，隨即又停止。

又過了好幾個鐘頭，大鐵球有了輕微的搖晃。瓶塞還是不停的來回搖擺敲動。

再過了五六個鐘頭，奇蹟發生了。居然大鐵球跟著瓶塞搖擺的頻率搖擺。

這試驗是不過是提醒我們。不要以為一個人的力量很小，沒甚麼作為。日積月累、滴水會穿

生命導航 /

不要以為一個人的力量很小，沒有甚麼作為，日積月累滴水會穿石。

石的。

這世界上沒有不可能的事，也沒有簡單的事。複雜的事情必須抓住要領、理出脈絡。精準的作、重複的作，扎扎實實的堅持品質和理念，不存非分之想，不作害人之心。不賺不道德的錢，堅持前往，必有所成。

有一老太太拉了老公到法院訴請離婚，法官問是什麼原因，都已七老八十了。

老太太說：「家暴！他老是拿東西砸我！」

法官翻了翻檔案：「他拿東西砸你，又不是第一次，而且已經好幾十年了，以前都可以忍耐，現在怎麼不能忍？」

老太太說：「大人啊！你有所不知，以前他都丟不到人，現在他……丟得多準啊！」

所謂一回生，兩回熟，熟能生巧，沒有做不來，只有不用心，不肯扎實學習。

以前學藝要拜師，要經過三年六個月的學徒歲月，才能出師，現在一切講求 SOP、速成，學一門技術不要那麼久。

但還是要講求經驗值，火候的拿捏、人為的

生命導航 /

這世界沒有不可能的事，也沒有簡單的事，複雜的事情必須精準的做，重複做。

影響這些還是無法速成的。讓人一見驚豔，打從內心讚歎的感覺就不是短期可達成，那要多年的練習，用心的揣摩，加上天賦及老師的帶領啟發，也要加上有大環境的容許，這可不是容易的事。

　　小張是一個小男孩，他在賣海綿，每敲 10 戶門，7 戶會開門、4 戶會聽他講、2 戶會買，成交的兩戶會讓小張賺 40 元。小張得出結論：每次敲門能賺 4 元。所以，要考慮的問題不是「這次敲門有沒有人開？」，不是「門打開後會不會被拒絕推銷？」，也不是「推銷後的結果好壞」，而是「**一下午我能夠敲多少戶門**」。

　　想法不同，心境就會不同，樂觀正面的態度帶動精采有價值的人生，悲觀負面的心態只是讓生命變得無趣。能夠持之以恆，堅持自己的理想和人生價值，你可以創造出一篇讓人動容的史詩。

生命導航 ╱
能夠持之以恆，堅持自己的理想和人生價值，你可以創造出一篇讓人動容的史詩。

20

好心成了連鎖飯店總經理

　　下雨天，一位渾身濕透的老婦，走進費城百貨公司。狼狽的樣子和簡樸的衣裙，售貨員都對她不理不睬。

　　但一位年輕人熱情地對她說：「夫人，我能為您做點什麼嗎？」

　　老婦說：「不用了，我在這兒躲雨，馬上就走。」但是，她的臉上露出不安的神色，因為水滴不斷從她的腳邊流到地毯上。

　　小夥子說：「夫人，您一定有點累，您坐著休息一會兒，我幫您整理一下吧！」說著說著，乾淨的毛巾幫她擦拭衣服，還拿著一些舊布墊在椅子下防止地毯濕透。

　　雨過天晴，老婦人向那個年輕人道了謝，向

生命導航 ／

成為一個行業的靈魂人物，這一切來自溫馨的服務。

他要了一張名片離開。

幾個月後，總經理詹姆斯收到一封信，信中指名要求那位年輕人前往蘇格蘭收取一份訂單，並讓他負責幾個家族公司下一年度用品的供應。詹姆斯震驚不已，這一封信帶來的利益，就相當於他們兩年的利潤總和。

方知她正是美國億萬富翁「鋼鐵大王」卡內基的母親，幾月前在百貨商店躲雨的那位老太太。

詹姆斯馬上把這位叫菲利的年輕人推薦到公司董事會上成為合夥人。那年，菲利 22 歲。

不久，菲利應邀加盟到卡內基的麾下。隨後的幾年中，他以一貫的踏實和誠懇，成為美國鋼鐵行業僅次於卡內基的靈魂人物。這一切都是來自一個溫馨的服務。

另一個好心成連鎖飯店霸業的故事！

深夜裡，一對老夫妻走進一家旅館。前台回答說：「對不起，已經客滿了，沒有任何空房。」

但看著老人疲憊的神情，侍者不忍心讓他們另找住宿。

侍者帶這對老人到一個房間，說：「也許它

生命導航
好心會有好報，若未報，時機未到，多行好心，積多積厚必會報。

不是最好的，但現在只能做到這樣了。」老夫妻住了下來。第二天，當他們要結帳時，侍者說：「不用了，因為我只不過是把我的房間給你們住，祝你們旅途愉快！」

侍者自己一晚沒睡。老人說：「孩子，你是我見到過的最好的旅店經理人。你會得到報答的。」

有一天，侍者接到了一封信函，打開看，裡面有一張去紐約的單程機票並有簡短附言，邀請他過去。

他按信中所標明的路線來到一個地方，一座金碧輝煌的大酒店聳立在他的眼前。原來，那個深夜，他接待的是一個富翁和他的妻子。富翁為這個侍者買下了一座大酒店，深信他會經營好這個大酒店。這就是希爾頓飯店首任總經理的傳奇故事。

每個人都想要創造一片天，但問，你有具備成為受尊敬景仰的大人物條件嗎？不是每個人都可以成為大人物的，因為大部分的人，心中只有我沒有他人。

生命導航

每個人都想創造一片天，但問，你有具備成為一個受尊敬景仰的大人物條件嗎？

21

追求完美，無法逃避上天的使命

我認為成功的定義是，成＝成人之美，功＝功德圓滿。

成功不是追求財富、豪氣盈人，而是一種謙和、理性和負責任的人生態度。

態度重於一切，與其詛咒黑夜，不如點燃蠟燭。或許日後的路是崎嶇不平，但這不是合理的際遇嗎？

在挑戰的過程中，能脫穎而出、自找利基的，正是英雄好漢所該作的事！

相信會作得到，就可以作得到。期望會成真，熱情會產生動力，樂觀、自信常常帶來好運。

上天會將好運賜給熱情的人身上。

行銷如此，發展團隊如此，輔導、管理也都

生命導航

在挑戰的過程中，能脫穎而出，自我利基的，正是英雄好漢所該做的事。

如此，家庭、社交、學習通通如此。

別指責、埋怨，別悲觀懊惱，揚起眉毛，睜大眼睛，把嘴角彎起，露齒而笑，你有一副愉快的臉，你就可以歡悅的面對一切，給自己一個好的天地！

美國投資大師巴菲特說：「一個人的能力好比一具引擎的馬力。能力大，馬力當然大。但能不能順暢運作是另一回事。八百匹馬力如果只能運作一半，打五折還不如用六百馬力，運作順暢，更加得心順手。」

彼得克拉克 18 歲時在漢堡大學就讀，每週看歌劇。

當他看到韋瓦地在八十歲完成的最後一齣歌劇「福斯塔夫」，充滿著高難度但又洋溢著青春氣息，他不禁大為震驚與感動。

韋瓦地當時的心境是「**追求完美，無法逃避上天的使命。內心的聲音催促再作一齣歌劇。**」因此產生志願 —— 如果能活到高齡，絕不放棄，一定要努力不懈。當他 90 歲時，有人問他，他最滿意自己的哪一部劇，他說：「下一部！」

生命導航 /

相信會做到，就可以做到。期望會成真，熱情會產生動力，樂觀、自信常常帶來好運。

給自己對未來的期許，最重要的是『不要鬆懈、別放棄。』

　　名著「流浪者之歌」中，德國文學家赫曼赫塞藉主人翁之口說：「我一切所思所為，不過是想成為我自己而已，為何竟是如此艱難？」

　　你的專長是什麼？你熱愛什麼？你是否可以投入上天召喚要你從事的使命中。

　　飾演電影「超人」的克里斯多夫‧李維，在 1995 年 5 月 27 日，騎著賽馬「巴克」跨越柵欄，但疾奔的巴克突然緊急剎住，李維飛衝而摔落地，頸椎第一、二節折斷。

　　之前，問李維什麼是英雄，他說「英雄是不計一切後果，勇敢行動的人。」意外發生後，他說：「英雄是在遇到無法抵抗的逆境時能找到勇氣、繼續奮鬥、堅持下去的人！」

生命導航
英雄是在遇到無法抵抗的逆境時能找到勇氣、繼續奮鬥、堅持下去的人！

22

堅持的價值

　　一個精神病患者在被認為已經治癒後，剛離開醫院，低頭便拾起石頭往醫院的玻璃砸去。他又被關了。

　　三個月後，看來已經沒有問題。送他出醫院，看他和接他的家人離去，大家鬆了一口氣。但不到十分鐘，醫院的玻璃又被砸破了。

　　這一次又關了半年，看來真的沒有問題了，院長親自面談，看看是否真的痊癒。

　　「你出院後，第一件事情要做什麼呢？」

　　院長問。「我要找個女人」他回答。

　　「太好了，這是正常人的表現」院長想。「找女人做什麼呢？」院長又問。

　　「我要帶她進旅館內！」「做什麼事？」「我

生命導航 ╱

一個看似不正常的人，鍥而不捨的做一件事，如果你自認正常是否該堅持一些該做的事。

要把她的外衣剝掉！」「然後呢？」

　　「我也要把她的內衣拿下來！」「然後呢？」院長緊張的問。他想這下子都沒有問題了。

　　他神色自若地比了一個拉弓的姿勢。

　　「我要拿一些石頭，用內衣當彈弓，把你這醫院的玻璃全都打破。」

　　一個看起來不正常的人，鍥而不捨的做一件他認為應該作的事。如果你自認正常，是否該堅持一些該作的事呢？

　　唐朝的名書法家柳公權，從小因字寫得好，被稱為是神童，他很自負。一天，他正在寫字，大家圍在他身邊，不時發出讚歎之聲，有個賣豆花的老者恰好經過，看了他的字，搖搖頭說：「你的字有形無體，沒筋沒骨，稱不上真好！」

　　柳公權很不高興，他立刻說：「這麼說，您一定寫得很好囉，請您當場揮毫，也好讓晚輩見識見識！」老者擺了擺手：「我只是個賣豆花的老頭子，哪會寫字啊？不過，我倒是知道城裡有位沒有手的老人，他用腳寫的字比你好上千百倍！」

生命導航
要想成功，堅持與熱情是最重要的事。

柳公權立刻去城裡找著殘疾老人，一看，用右腳夾筆寫出來的，像變魔術一樣，不但揮灑自如，蒼勁有力、龍飛鳳舞，比柳公權的字，好上千百倍。

柳公權噗通一聲跪下，請求對方收他為徒。老人說：「我生來就沒有手臂，寫字只是為了討生活，怎麼有資格當你的老師？」

柳公權一再的懇求，老人被他的誠意所感，對他說：「你不必拜我為師，我送你一首詩，這是我的練字訣，你要是真能夠心領神會，日後必定有不凡的成就！」

「寫盡八缸水，硯染澇池黑；博取百家長，始得龍鳳飛。」

柳公權把這首練字訣牢記在心，每日勤加練習，終於成為名留千古的大書法家。

原來堅持就是如此罷了！要想成功，記住這首詩！「寫盡八缸水，硯染澇池黑；博取百家長，始得龍鳳飛。」

生命導航

要想成功，記住這首詩！「寫盡八缸水，硯染澇池黑；博取百家長，始得龍鳳飛。」

23

永遠美麗的赫本

　　著名影星奧黛麗赫本，年輕時風華絕代，老了依然絕代風華。她的神采、容貌，從年輕到老，深深讓人動容。

　　她為何能成為女神中的女神，秘訣就在她留下的一段話。

　　「若要優美的嘴唇，就要講親切的話。若要可愛的眼睛，就要看到別人的好處。若要苗條的身材，就把食物分享給饑餓的人。若要優雅的姿態，走路時要記住行人不只有你。」

　　赫本在電影「修女傳」中，飾演一位到非洲救助苦難民眾的修女。實際上，她在最巔峰的時候，不理會龐大片酬，到黑暗大陸非洲去幫助貧苦的小孩，她出力、出時間，還出錢，她大聲疾

生命導航

若要優雅的姿態，走路時要記住行人不只有你。

呼大家正視和我們一樣是生命的另一群人。

她在生命的最後的五年歲月，為聯合國兒童基金會做義工，五年中，為世界各地最貧窮，災難最多的地區兒童努力。

1990 年她 60 歲那年，被選為全球最美麗女性之一。

她之所以成為典範，是因為她的真誠與優雅，還有她的謙虛與和善，她曾說：「**物質愈豐富時，我想要的卻愈少。許多人想登陸月球，我卻想多看看樹。**」

1953 年她擔任女主角的影片「羅馬假期」，讓多少人驚豔，魂牽夢縈，她的陽光、她的燦爛，傳達的感動，她讓這電影成為人類百年中最難忘的電影。

很多人都在談生命的價值和意義，但有多少人能像赫本一樣名符其實！

另一位追求人生意義的是統一德國的菲德烈大帝。

他年輕時讓父親大為頭痛，因為沉迷于文學與音樂，一點也沒有繼承王位的企圖心。甚至約

生命導航

物質越豐富時，我想要的越少，許多人想上月球，我卻只想看看樹。

了朋友想脫逃父親的控制，直至父親當他的面將這幾個朋友斬首，他才開始學習如何做一個君王。

28 歲繼承王位後東征西討，到了 50 歲就統一了德國。

在奮鬥的過程中，他的內心還是無法忘懷藝術，他在上戰場的前夕，他吹笛或作詩，以求得克敵制勝的靈感。大業底定後，他又追尋哲學。

他在寢宮前的山坡蓋了一間仿希臘的廢墟，每天醒來第一眼便會看到。

每天早上提醒自己一次：「人生是短暫的，看看希臘的榮耀哪裡去了，羅馬的光彩哪裡去了！」

人生的意義是什麼，為什麼有生命的形式，又有太多的無奈和似是而非的目標。該如何為一生找到一個定駐點。

生命導航／

人生有太多的無奈和似是而非的目標。該如何為一生找到一個定駐點。

24

確保尊嚴

　　一位挪威青年到法國報考巴黎音樂學院，但沒能被錄取。

　　身無分文的他來到學院外街道，在樹下拉起了琴。無數人駐足聆聽。人們紛紛打開錢包，把錢放在了琴盒裡。

　　一個傢伙將錢扔在青年男子的腳下。青年男子看了看他，彎下腰拾起地上的錢，遞還給他說：「先生，您的錢掉在了地上。」這傢伙接過錢，重新扔在青年男子的腳下，傲慢地說：「這錢已經是你的了！」

　　青年男子再次看了看他，深深地對他鞠了個躬說：「先生，謝謝您的資助！剛才您掉了錢，我彎腰為您撿起。現在我的錢掉在了地上，麻煩

生命導航 ╱

不輕易接受別人無理，不禮貌的協助，尊嚴是別人敬重你的要素。

您也為我撿起！」

對方被震撼了，撿起地上的錢放入琴盒，然後灰溜溜地走了。

圍觀的人群中有雙眼睛一直默默關注著青年男子，他就是剛才的那位主考官。他將青年男子帶回學院。這位青年男子叫比爾撒丁，後來成為挪威著名的音樂家，他的代表作是《挺起你的胸膛》。

寒冷的黃昏，店裡來了一對父子。父親是盲人。身邊的男孩小心翼翼地攙扶著他。那男孩看上去才十八、九歲，是個學生。男孩來到店老闆面前。「兩碗牛肉麵！」他大聲地說著。

老闆正要準備，他忽然又搖搖手。用手指了指價目表，他只要一碗牛肉麵，另一碗是蔥油麵。老闆愣了一下。原來他大聲叫兩碗牛肉麵是給他父親聽的。

廚房很快就端來了兩碗熱氣騰騰的麵。男孩把那碗牛肉麵移到他父親面前。他父親並不著急著吃，只是摸摸索索地用筷子在碗裡探來探去。把肉片往兒子碗裡夾。「來，你多吃點，吃飽了

生命導航／
尊重是一個人最重要的武器及修為。

好好念書，快考試了，考個好大學，將來對你是好的。」

男孩默不作聲地接受了父親夾來的肉片，然後再悄悄把牛肉片又夾回父親碗中。

「這個飯店真厚道，麵條裡有這麼多牛肉片。」老人感歎著。一旁的老闆一陣汗顏，那只是幾片屈指可數薄如蟬翼的肉啊。

這時老媽媽端來一盤肉：「今天是我們開店周年慶，這盤是贈送的。」男孩笑笑，又夾了幾片牛肉放入父親的碗中。

大家就這樣靜靜地看著他們父子吃完，然後再目送著他們出門。之後小張去收碗時，忽然輕聲地叫起來。原來那男孩的碗下，竟壓著一張鈔票，正好是價目表上一盤切牛肉的價錢。

一時間，老闆、老媽媽，還有客人們都說不出話來，無聲的歎息靜靜地迴蕩在每個人的心間。

人可以一時貧困，可以一時潦倒，但不能失志，不可以不挺起胸膛！

生命導航

人可以一時貧困，可以一時潦倒，但不能失志，不可以不挺起胸膛！

25

神箭手

大俠歐陽德這天到了一無名小鎮，突然間看到了一個讓他驚訝的景象。

房屋的牆壁，樹幹，寺廟的簷角上，一張張的靶，正紅心都不偏不倚的有一隻箭或飛鏢射進去。

縱橫江湖數十年，想不到能夠在這個小鎮看到絕世高手，內心油然升起仰慕之情。

趕緊進入路邊一家小茶館，他不管掌櫃手裡正忙著，高聲的問道，請問掌櫃，貴莊中之英雄何在？請為敝人引薦。

掌櫃本來搞不懂他要見何方神聖，待弄清楚他要找的是哪位到處射中紅心的神箭手。

掌櫃立刻開口大笑，你要找的大英雄就是他！

生命導航 /

滾動的石頭不生苔，常常變化，變化會來不及計畫。

掌櫃指著一位正在牆邊撥弄小狗的五、六歲黃毛小童。

怎有可能呢？他是怎麼做到的？大俠問。

小狗子，試兩手給這位大叔看看，掌櫃叫小孩子露一手，只見小孩的手拎起弓箭飛鏢，卻又拿起文房四寶，大俠更不解了，但看到小孩表演過後，他才恍然大悟。

因為小孩將箭和飛鏢射向牆上和樹幹後，隨即以箭或鏢為中心，畫出一張張的靶圖。

各位朋友，所謂目標像月亮，初一十五不一樣 。

有些人人生目標清清楚楚，一心一意，執意前往，有些人那目標雖然定了，但卻是隨時可以改，常常更動，見異思遷，朝三暮四。

滾動的石頭不生苔，常常變化，變化會來不及計畫。

現在流行戴手環計步，我的手機計步同好群有數百人，常常會突然間冒出一天可以走三萬多步的人，對正常走路的人而言，一萬步要走一百分鐘，從早一直累積到晚才會達成，有時候因為

生命導航 /

要在行業中走的遠，必須實事求是，按部就班，不投機，穩健的把自己的實力建構起來。

要開會，所以到晚上還要趕路。

三萬步要五個小時才達成，我有足夠的懷疑，懷疑他們是用搖擺器造成的。

我寫微信去問，你是公司的重點培養的運動員嗎？她回答不是啊，我不喜歡運動啊！

於是我就把這些怪異的步友刪掉了！

要在行業中走得遠，必須實事求是，按部就班，不要投機取巧，要把自己的實力給建構起來。

開始時，不要認為有甚麼好技巧可以打通任督二脈，一飛沖天。

先放空，把自己當作是生產線的小工，把自己當作是上山習武的門外漢，一步一腳印！

學到的知識，去嘗試應用。聽來的學問，反芻思考，如何進入自己的領域。別人的經驗，想辦法成為自己的快捷方式。別人的錯誤，不要再犯了。

天底下沒有奇蹟，都是累積。也沒有神通，都是基本功。

生命導航

天底下沒有奇蹟，都是累積。也沒有神通，都是基本功。

26

大愛是慈悲心的流露

　　二次大戰時，查理是戰鬥機的飛行員，一次不幸在戰鬥時被打得機身千瘡百孔，當他辛苦地要離開戰場，把飛機開回英國時，突然看到一部德國的戰機就在他眼前。

　　『這下子死定了！』

　　他閉起眼睛，準備接受最壞的結果。但怎麼半餉沒動靜，一睜眼，卻看到那位飛行員向他打手勢，比著英國的方向。他難以思議的顫抖著往英國飛，還看到這飛機在他旁邊巡航，好似保衛他。於是他死裡逃生，沒有在這場空戰中喪生。

　　他實在想不出對方為何這麼作，戰爭結束後，他千方百計試著找出那位飛行員，一直用了四十年的時間，他才找到那位沒將他置於死地的人士。

生命導航

如果一個戰士都可以同情弱者，我們為什麼不能發揮人溺己溺的大愛精神呢？

他問他，為什麼他要對他手下留情，對方回答：「我看到你的飛機已經搖搖欲墜了，我怎能對一個手無寸鐵的對手再加重擊呢？」

　　如果一個戰士都可以同情弱者，我們為甚麼不能發揮人溺己溺的大愛精神呢？

　　面對眾生，面對大地，我們可以多盡一份力去關心，維護，這地球因我們這一代人的肆無忌憚耗用，如今已千瘡百孔，我們可不發一點愛心嗎？

　　一名神秘人士每月固定向新加坡佛寺居士林捐款，目前累計金額已經多達一百萬美元。

　　據新加坡《海峽時報》報導，居士林，每月都會在捐款箱裡，發現一捆疊得整整齊齊的鈔票，金額都在兩萬到三萬美金左右。

　　該寺負責人表示，這筆巨額捐款應來自同一個人，不用匯款方式，把現鈔放進捐款箱，顯然是為善不欲人知，寺方尊重其意願，不會追查他的身分。

　　過去二十年來，新加坡居士林每天都提供免費齋飯給有需要的貧困人士，尤其爆發金融海嘯

生命導航／

慈悲沒有敵人，智慧不起煩惱。

後，新加坡居士林的佛教義工，幫助了成千上萬人得以溫飽。

新加坡號稱沒有乞丐。因為無飯可吃的遊民可以到居士林用餐，不分宗教、種族、貧富貴賤，一天數千份，有時還會多到五六千份。 龐大的費用從哪來呢？政府補貼一部分，會員的會費一部分，大部分來自善心人士，有人捐錢，更多的是提供食物，常可看到人們從車上提下了一袋袋的米、菜、油等。

慈悲沒有敵人，智慧不起煩惱。這是法鼓山聖嚴法師的名言。

常見很多富豪，家人為了爭產紛擾不休，這已失去了創造財富的本意了。

相信捐款給居士林的神秘人士，他是經商有成，明瞭金錢不能帶入天堂的道理，當下以捐助為樂，成就了窮人心中的天堂，也讓自己成為真正的富人。

生命導航

以捐助為樂，成就了窮人心中的天堂，也讓自己成為真正的富人。

27

不忘初心

　　台灣最大的婚宴廣場典華幸福機構學習長林齊國先生，他娓娓道來自己的創業歷程。

　　他出生在香港，後來隨父母遷到寮國，1975寮國淪陷，一家逃難來到台灣，展開了學習與創業的經歷。

　　小時候在寮國街頭見人行善，讓林齊國立下助人的志願。

　　他記得來台灣幾年後賺了台幣二十萬元，一次捐出了五萬元，當時林齊國家中也並非十分寬裕，五萬元對他來說是很大的金額，但他只是想要多點付出，而且付出後的感覺也很棒，於是，他發願要以相同的比例，也就是四分之一來固定捐款。

生命導航 /
時時警惕自己，成就越大時應該更謙虛，保持不斷的學習。

爾後，又賺了一百萬元，如果信守承諾，必須捐出二十五萬元。此時卻捨不得了，但先前的發願又該如何呢？

　　後來，他看到《聖經》提及十一貢獻，基督徒要將所得捐出十分之一做公益，他幫自己找到解套的方法，於是便照著這個比例，捐出十萬元。

　　隨著事業成長，他賺取一千萬元，照比例來說須捐出一百萬，但林齊國又捨不得了。

　　隨著愈賺愈多，連十一奉獻都頻頻考慮。他忍不住詢問了基督徒好友，是否都做得到十一奉獻。好友回答：「不是每個人都做得到的！」此刻他「捨不得」的心理，才獲得解套。

　　這是林齊國的真實經歷，他常拿自己的捨不得來自我調侃，多年後，他終於體悟到「愈有錢愈捨不得，愈有權愈沒道理。」因此時時警惕自己成就愈大時應該更加謙虛，保持不斷地學習。

　　林學習長瞭解到最好的「行銷」方式，就是捨得。所謂捨得，捨得，有捨才有「得」。

　　捨得就是投資，好比餐飲業者，願意投資在食材上，真材實料，物超所值，消費者自然廣為

生命導航

最好的行銷方式，就是捨得，所謂捨得，捨得，有捨就有得。

宣傳。如同佛教的「因果」觀，如是因如是果，為人先付出，結果自然收穫滿滿。

林齊國在電視上看見星雲大師接受TVBS採訪時談到「不忘初心」。

大師當初一念出家，沒想過出家那麼辛苦，挑材運水、辦學教學、弘法利生，百轉千回，其中甘苦不為人道。但只要想到佛門一句話「不忘初心」，只能勇往直前。

當一位傳教士弘道必須不忘初心，經營事業也要不忘初心。

時時保持一顆學習的心，謙虛對待萬物。並將自己經營得到的一部份做分享。佈施就像播種種子，一顆蘋果有幾個種子容易計算，但當種子發芽再成為蘋果樹，生出來的蘋果就不計其數。

分享是最有價值的投資，說是會有一萬倍的回收也不為過。因為每個人若能不忘初心，便是人生最富有的人。

生命導航 ╱

時時保持一顆學習的心，謙虛對待萬物。並將自己經營得到的一部份做分享。

28

沒有理由妄自菲薄

　　在紐約，一位媽媽帶她幼小的孩子坐計程車，小孩子問媽媽，為甚麼司機長得這麼黑？

　　媽媽說：『上帝為了讓世界五彩繽紛，所以創造不同顏色的人！』

　　小孩子很高興，司機也很感動，不收她的車資，因為他很少因為膚色受到尊重。

　　一個籃球巨星邁可・喬丹 Michael Jordan 的故事，真假不管，相當有激勵性。

　　他 13 歲時，父親要他去賣一件舊衣服，要他賣兩美元！他覺得不可能，但父命難違。

　　他把衣服洗淨、刷平。第二天，他到地鐵站，經過六個小時的叫賣，賣出了這件衣服。

　　之後，每天他都熱衷於從垃圾堆裡淘出舊衣

生命導航 ╱

上帝為了讓世界五彩繽紛，所以創造不同顏色的人。

服，整理好後去鬧市裡賣。

　　但十多天後，父親又遞給他一件舊衣服：『你想想，這件衣服怎樣才能賣到 20 美元？』

　　他想了想，請表哥在衣服上畫了可愛的唐老鴨與頑皮的米老鼠。

　　他在貴族學校的門口叫賣。沒多久，一位管家為他的小少爺買下了這件衣服，孩子很是喜愛，多給了 5 美元的小費。25 美元，相當於他父親一個月的工資。

　　回到家後，父親又遞給他一件舊衣服：『你能把它賣到 200 美元嗎？』

　　這一回，他沒有猶疑，他沉靜地接過了衣服，開始思索。

　　兩個月後，電影《霹靂嬌娃》的女主角拉佛西來到紐約做宣傳。記者招待會一結束，他擠到了拉佛西身邊，舉著舊衣服請她簽名。拉佛西笑笑著簽名。

　　他問：『拉佛西女士，我能把這件衣服賣掉嗎？』『當然，這是你的衣服，怎麼處理完全是你的自由！』他大聲歡呼：『拉佛西小姐親筆簽

生命導航
一件一美元的舊衣服，都有辦法高貴起來，更何況我們這些活著的人。

名的運動衫，售價200美元！』經過競價，一名
商人以1200美元的高價買了這件運動衫。

回到家裡，全家人都非常興奮！晚上，父親
問他：『孩子，從賣這三件衣服中，你明白什麼
嗎？』『您是在啟發我！』父親點了點頭，又搖
了搖頭： 『你說得不錯，但這不是我的初衷。』
『我只是想告訴你，一件只值一美元的舊衣服，
都有辦法高貴起來，更何況我們這些活著的人呢？
我們有什麼理由對生活喪失信心呢？我們只不過
黑一點、窮一點，可這又有什麼關係？』

是的，連一件舊衣服都有辦法高貴，還有什
麼理由妄自菲薄呢！20年後，他的名字傳遍了世
界的每一個角落。

很多做不好的人會說，我出身不好，沒有人
脈，我長得不夠稱頭，不夠漂亮，我不懂推銷，
我不會講話。但這都不是理由，你要成功，先改
變想法，你有企圖心，你可以做得好，如此而已！

生命導航

你要成功，先改變想法，你有企圖心，你可以做得好，如此而已！

29

在「不可能」中找到「可能」！

　　一個晚上，媽媽在廚房裡洗碗，小兒子在後院玩耍。媽媽不斷聽到兒子蹦蹦跳跳的聲音，她大聲問他在幹什麼。

　　天真的兒子也大聲回答：『媽媽，我想要跳到月亮上去。』

　　媽媽沒有像其他的父母一般責怪兒子瞎想！而是說：『好啊，不過要記得回來呀！』

　　這個小孩長大以後真的『跳』到月球上了，他就是人類歷史上第一個登上月球的人——阿姆斯壯。那是 1969 年 7 月 16 日。

　　對於一個充滿想像力的孩子，我們永遠都不可能預測他將通過何種方式去實現未來的人生價值。我們要作的只有一件事，那就是鼓勵，再鼓

生命導航 ╱

對於一個想像力豐富的孩子，我們要做的只有一件事，那就是鼓勵。

勵。就像一些天才行銷員，他是屬於老鷹型的，主動、積極、孤獨，並勇於嘗試各種可能。他可能目空一切，要去闖蕩，要去作別人沒作過的傑作。沒錯，他可能不務實際，但只要是積極的、向上的、正向的，何不給他鼓勵，讓他有信心。他往往在『不可能』或『不大可能』中找到『可能』，然後創造出輝煌的成就，並在造福於人類的事業中達到一個光輝的頂點！

阿姆斯壯登上月球時說了一句名言：「我個人的一小步，卻是人類的一大步！」。但他返回登陸艙時還說了一句奇怪的話：「祝你好運，戈斯基先生。」這是怎麼一回事呢？

原來，在阿姆斯壯小時候，他無意中聽見鄰居戈斯基夫婦吵架。

戈太太大聲叫：「你想跟我上床？門都沒有！除非鄰居家那個叫阿姆斯壯的小孩登上月球！」事隔多年，不可能的事情居然成真，所以阿姆斯壯講了這麼一句莫名其妙的話。各位，飯可以多吃，話不能說太滿，誰知道會怎樣呢！

美國某城 30 英里以外的山坡上，一塊不毛之

生命導航 ╱

老鷹型的天才業務，展現出主動，積極、孤獨、勇於嘗試各種可能。

地，地主要把它以極低的價格出售。大家看到這不毛之地，無不避之唯恐不及。

但一位仁兄靈機一動，買了下來。他跑到當地政府部門說：「我有一塊地皮，我願意無償捐獻給政府，但我是一個教育救國論者，因此這塊地皮只能建一所大學。」

政府如獲至寶，當下就同意了。於是，他把地皮的三分之二捐給了政府。

不久，一所頗具規模的大學就聳立在了這塊不毛之地上。

聰明的地皮主人就在剩下的三分之一的土地上，修建了學生公寓、餐廳、商場、酒吧、影劇院等等，形成了大學門前的商業一條街。他得到難以衡量的財富！

只要有心，在『不可能』中可以找到『可能』！ 你能在你的瓶頸和障礙中找到出路！

30

態度決定高度

　　日本一個醫院的主治醫師被起訴，因為護士小姐將患者的 X 光片給弄亂了，以致於一個病患無辜致死。

　　事情經過相當離奇，胃癌患者和胃病患者的 X 光片被對調了，胃癌患者被告知沒事了，可以出院，他歡歡欣欣的回去了。

　　而本來是胃痛的人，卻被告知是胃癌，憂心忡忡的他立刻飯不思、茶不飲，後事都還來不及交待清楚就憂悶致死了。

　　德軍在二次大戰時的人體試驗，將戰俘綁在椅子上，眼睛蒙住，用利刃劃過他的脈搏，其實是用冰冷的冰塊在他的手劃了一下，無情地告訴他血管被割開了，血開始流下來了，戰俘看不到，

生命導航 ／

與其詛咒黑夜，不如點燃蠟燭。

但是聽到他的血在流的聲音，開始是大把大把的流，慢慢的，血流的越來越少，當被告知血已經流乾了，這個戰俘窒息身亡了。

美國職業棒球冠軍賽中，一隊眼看落敗，經理拿出一支棒子，悄悄告訴打擊手說，這棒子經過西藏大師加持過，有神力，於是他們打贏了，其實根本沒什麼加持不加持的，這只是一根平常的球棒。

為什麼各行各業的冠軍都是那些人，運動場上的明星、歌壇上的明星，各公司的業績高手，他們怎麼可以常保領先。應該是他們對自己有絕對的自信。

他們無懼挑戰，他們樂觀、自信、堅毅又有企圖心。他們勤於學習，肯用心操練，並且他們都具備有別於一般凡夫俗子的特質，受人追隨的氣質和魅力。

如果將英文字母和阿拉伯數字對應排列，A是 1，B 是 2，C 是 3，以此類推，有些英文字句甚是有意思。

如：知識 KNOWLEDGE，共有 96 分。努力工

生命導航
在挑戰的人生過程中，能脫穎而出自找利基的，正是英雄好漢所該做的事！

作 HARDWORK 共有 98 分。

我們常希望得到的好運呢？

LUCK，L+U+C+K=12+21+3+11=47 分。

我們的最愛，愛情呢？LOVE=54 分。

錢呢？MONEY，有 72 分。

領導力呢？

LEADERSHIP，加起來是 89 分。

至於態度，ATTITUDE，卻有 100 分，很神奇和有意思的呈現，這應該是說明態度重於一切吧！

經營事業別指責、埋怨，別悲觀懊惱，揚起眉毛，睜大眼睛，把嘴角彎起，露齒而笑，你有一副愉快的臉，你就可以歡悅的面對一切，給自己一個好的天地！

生命導航

你有一副愉快的臉，你就可以歡悅的面對一切，給自己一個好的天地！

31

9999 次的堅持

　　愛迪生發明燈泡失敗了 9999 次的故事大家
耳熟能詳。想想看，9999 次的失敗代表了什麼？

　　第一個啟示是為什麼失敗有這麼多次？誰統
計的？

　　應該是愛迪生和他的助手，每一次的實驗讓
他們知道錯誤，且有紀錄才知道錯誤在那裡！

　　有錯則改，凡改便留下紀錄，這是科學家的
本色和該作的事，一點都不得馬虎。

　　第二個啟示是「數大就是美」。任何事情都
存著機率與或然率，量大成功率就高。所謂熟能
生巧，再笨的人一件事情作久了也可抓出若干要
領。

　　雖然天資穎悟，音樂神童莫札特也要每天練

生命導航

有錯則改，凡改便留下紀錄，一點都不得馬虎！

琴兩個鐘頭。三天打魚兩天曬網，心存僥倖或自恃能力高超是成不了事的。

第三個啟示是「凡付出必有所穫」。愛迪生雖然是要發明燈泡，但這過程中，他必然觸類旁通，得到各種啟發與收穫，而這些附加價值是還不少的！

第四個啟示是「鐵杵也能磨成繡花針」。

恆毅力與堅忍的心是在一次又一次的失敗中培養出來的，耐力也愈積愈雄厚。或許還看不到明確的成績，但過程所累聚的能源、潛力已形成，這氣力正是爆發更大成就的契機。

第五個啟示是「EQ 訓練」。

能耐得寂寞與失敗和挫折，才可讓一個本沒耐心、沒涵養沉不住氣的人得到最好的訓練。

失敗了 9999 次還是零，但最後一次的成功，零一躍才能成為萬。

一與零間有如天壤之差，成功的人在最後一口氣尚存時奮力爭氣，失敗的人總在成功的門口裹足不前。一步一腳印志在千里，美夢才能成真。

堅持是讓優秀的人更加的有驚人的表現！

生命導航

在過程所累聚的能源、潛力已形成，這氣力正是爆發更大成就的契機。

一塊美玉或鑽石，日積月累的琢磨，它才能夠發揮它內在的璀璨！

堅持也讓一個自認為平庸的人得到傑出的機會，因為透過日以繼夜的磨練，平凡的工匠會變成一個藝術家。

在每個公司裡面，研發和行銷都要有鍥而不捨的精神，研發是和自己的心智對抗，行銷則要和外界的各種狀況對弈。

以行銷而言，如今的狀況五花八門，已經不是自己可以獨力解決各種狀況的。所以不要以為行銷的時間自己可以掌握的，績效自己去創造的。

要持續的、堅定的，在平台有聚會或研修時，親身參加、共同討論。

你會說，AI 時代了，何必一定要親身參加，網路研習不就得了。

不！沒有親歷其境的研討激不出碰撞的火花，沒有一次一次的和講師討論和得到講師心裡深層的經驗值是不足的。

生命導航 ╱

研發是和自己的心智對抗，行銷則要和外界的各種狀況對弈。

32

無可頂替的傳奇

曾經有一個調查，在西方人印象中最深刻的現代華人是誰？答案是毛澤東和李小龍。

李小龍不過才演了四、五部影片，出道不到十年，怎麼在過世五十年了還有這麼高的知名度。

不論評語中他是劃世代的人物或是替弱勢族群出氣的英雄。他本身就是一個無可頂替的傳奇。尤其是他對自己擁有不平凡的自信。

在他的遺物中出現一張便簽，寫道：「我的明確目標是，成為全美國最高薪酬的超級東方巨星，從 1970 年開始，我將贏得世界性聲譽到1980 年，我將擁有 1500 萬美元的財富，那時候我和我的家人將過上幸福的生活。」

確實，他在 1970 轟動了整個西方，雖然隨

生命導航 ╱

目標是夢想加上時刻表。

即在 1973 年 7 月 20 日猝然去世，仍不影響他的氣概和形象。

目標會讓一個人有方向，有信仰。並且產生無窮的力量。

目標是夢想加上時刻表。有夢的人生才會美，但要美夢成真，需要許願、需發大願。沒有願景的人生沒有燦爛的風貌，有價值的人生才值得稱許，命運掌握在自己的發心許願。

一位電影演員到了中年，突然感覺演員這條路並不是他的最擅長，他認為他善於溝通、能言善道，形象不差、人際關係良好，又能鼓動人心，這是從事公職的好條件。於是他仔細規劃了計畫，他從當地的地方機關開始，再進入州政府，最終目標是總統。

這是一個別人看起來很荒謬的目標，但他卻是自信不疑，加上他旺盛的企圖心和行動力、口才。他有了妥善的計畫和找到作戰的夥伴，而且他的感染力和充分授權及分工，居然經過才幾年的努力，他到達了目標。他是美國第 40 任總統——雷根總統。

生命導航

很多人不知道自己為何而戰，對自己沒有信心，不敢挑戰大目標，終其一生，這些人不過平淡度過而已。

相對的，很多人不知自己為何而戰，對自己沒有信心，不敢挑戰大目標，終其一生，這些人不過平淡度過而已。

美國另一位前總統柯林頓在中學時訪問白宮，他和當時的總統甘迺迪握手時，他許下了一個重重的誓言「有朝一日我也要做白宮的主人。」

奮鬥了三十多年後，他達成了自己的誓言。就像南非的曼德拉，雖然他長期被當時的統治者監禁，但是他告訴自己，他要以愛來改變南非，他以寬恕、包容來讓南非得到幸福與安定。最後，他的目標也達成了，他成了本世紀裡重要的一位代表性人物。

你的目標是甚麼？你要用甚麼樣的行動來達成目標。

船長出航前就知道去那裡，士兵要到達目的地才知身處何處。沒有目標的人們，要為有目標者工作。

生命導航 /

船長出航前就知道去那裡，士兵到達目的地才知身處何處。沒有目標的人，要為有目標者工作。

33

廣結善緣

九零年代初期，我的作品「我有理由不買保險」出版，這是保險界有史以來第一本用華文寫的保險銷售書籍，所以推出後得到很好的反應，雜誌社要我作新書發表國內外巡迴演講。

要到大馬時，問我有何要求條件，我爽快地回答道：「出書是你們的專業，我只是興趣，版稅你們自己訂，搭飛機經濟艙即可，住的、吃的也不用豪華，你們賺錢比較重要，我高興就好！」

雜誌社老闆很是感動，哪有人這麼支持他們的。所以後來很多場國際大會要我擔任講師。

擔任講師有非常多的好處，走遍了整個華人地區，結交各地區的名師、名人、名流。

也讓很多保險界的夥伴因而對保險有了更深

生命導航

冥冥中你被一條看不見的手在引導你往前走， 這就是所謂的「天命」！

的認知和方向，已經太多人跟我說因為我的書、錄像、錄音讓他們重啟生命力。

更好笑的，因為我的作品在很早就流通，所以很多人以為我是古人。

一次在廣州，一位姑娘用奇怪的眼神一直盯著我，我問她：「你怎麼用這種眼神看我呢？」她說：「陳老師，我本來以為你該過世很久了，因為二十幾年前我就看你的書，聽過你的錄音帶。」

很多人變成我的好友好夥伴、長期粉絲，這都是因為這些出版品的影響力，所以不計較反而得到的更多。

在內地和東南亞，當時書出版時，價格蠻高的，因此翻印版相當多，雜誌社的老闆說有三百萬到五百萬本，問我說：「要去抓嗎！」

我說：「抓了要怎樣，一個人再給個十塊錢嗎？」書如果寫不好，沒有人會去翻印的，他們的翻印，我高興都來不及，怎會計較呢？

因為有了這些知名度，所以公司在擴展時和個人的作品在推廣時也較方便，同仁有時在發揮

生命導航 /

書如果寫不好，沒有人會去翻印的，他們的翻印，我高興都來不及，怎會計較呢？

上也有著力點。看來好像吃虧，但若換算廣告價值，其實是賺很大的。

人的一生就像「了凡四訓」書裡所說的，一般人的一生都被註定的！

冥冥中你被一條看不見的手在引導你往前走。這是所謂的「天命！」老天爺給你職務，給你做代言人，讓你為祂分攤凡俗工作。

我現在最大的心願是推廣「保險捐贈」，呼籲民眾用保險金作公益，大馬安聯人壽的王賓賢 Mr Ong pin hean 業務總經理要用保險捐贈在大馬推廣，幫助貧困的國民。福建省的莆田市，市民的團體保險，由方勝磐石保經公司廈門分公司規劃，裡面有若干金額的理賠金額捐贈，作為「媽祖基金」幫助貧困的市民和清寒學童。

你如果願意做出超越上天期許的事，你不計較，你多多分享布施，老天看到你把原有的利益，分享出去了，祂會加倍再給你，你不會吃虧的。

所以廣結善緣是我們該做，樂於去做和享受的事。

生命導航 /
老天看到你把原有的利益，分享出去了，祂會加倍再給你，你不會吃虧的。

第三章

信 念

楔子

•

領導人決定企業的發展和方向！也就是說企業要向哪裡去？如何去？達到什麼樣的目標和高度，這是領導人應該極力思索的事。

企業的成功是致力於達成自己認為是偉大的信念。

只有明確的信念，找到前進的動力，生活才會充滿喜悅，動力無限。

我們不難發現到，很多企業都是盲目地前進，就像拼命爬行在地上的螞蟻一樣，看起來很努力，然而卻永遠找不到終點，找不到目的地。

沒有信念，猶如夢遊一般，和無頭蒼蠅一樣，即使花費了九牛二虎之力，也是無法抵達彼岸。

領導人的任務就是建文化、定目標、抓激勵，常常耳提面命的告知夥伴公司的願景和信念。

一個本來平凡的人，如果他設定了他不凡的人生觀，他要在他短暫的生命中創造有價值的偉業，他全力以赴，他不惜自己的收穫和得失，他會改變為不平凡的生命。

這個世代是急速變化的年代，觀念、商品、工具、結構，都在翻轉更迭，一個不小心，立即被淘汰，被遺棄！

　　當然！年紀稍大者，適應力不夠穩健，學習力和習慣沒有科技原住民的新一代來得強，對種種新事物的適應是很辛苦的。

　　但透過你的信心、信念，你肯低下頭去學習和體會，你還是可以和這時代成正比的。

　　不管如何，信念是非常重要的，一個有信心和理念的人，他會是一個受尊重和喜歡的人，他可以得到正向的人生命運！

　　年輕的一代，雖然已佔到好的世代強勢力，但好要更好，掌握機會，創造你的好歷史，不能掌握機會，你就會在時代的洪流成為歷史！

34

一個善念，改變了二戰的歷史

　　二戰中的某一天，歐洲盟軍最高統帥艾森豪在法國的某地乘車返回總部參加緊急會議。那一天大雪紛飛，汽車一路疾馳。途中，艾森豪忽然看到一對法國老夫婦坐在路邊，凍得瑟瑟發抖。艾森豪立即命令停車，讓身旁的翻譯官下車去詢問。參謀急忙提醒說：『我們必須按時趕到總部開會，這種事情還是交給當地的警方處理吧！』

　　艾森豪堅持要下車去瞭解狀況，他說：『如果等到警方趕來，這對老夫婦可能早就凍死了！』經過詢問，這對老夫婦是去巴黎投奔兒子，但是汽車卻在中途拋錨了。在茫茫大雪中連個人影都看不到，不知如何是好呢。艾森豪立即請他們上車，並且先繞路將老夫婦送到巴黎兒子家裡，然

生命導航 /

一個善念，一個善行，都可能帶來無窮的福報！

後才趕回總部。

然而，事後得到的情報卻讓人震撼。

原來，那天德國納粹狙擊兵預先埋伏在他們回總部的必經之路上，目標就是擊斃歐洲盟軍最高統帥。但狙擊卻失敗了，因為敵方無論如何也想不到，艾森豪會為救那對老夫婦而改變行車路線。

歷史學家評論道：「**艾森豪的一個善念躲過了暗殺，否則第二次世界大戰的歷史將改寫。**」

另外一件令人驚訝的軼事。1995年，大衛開車要到紐約，不久就累到不行，趕快下高速公路找地方睡覺，勉強在附近的養老院裡找到床位。這現象是他以前所沒有的。

借住一晚後，第二天要離去時，突然他心有所感的問院長：「有什麼事是我可以幫忙做的。」

院長說，昨晚一位猶太老人過世，正想將他葬在基督教公墓。大衛衝口說：「既是猶太人，應較樂意葬在猶太墓園。」他開的是大型休旅車，可以順路載到紐約猶太墓園。

大衛回到紐約，找到一個慈善機構，他們說

生命導航

艾森豪的一個善念躲過了暗殺，否則第二次世界大戰的歷史將改寫。

五十年前一位猶太大善家捐了一筆錢，為窮人服務準備了一些墓穴。當這些慈善機構問到死者的名字「西蒙，溫斯敦」時，管理員神情驚訝說：「這名字很熟悉。」

看了遺容後，他滿臉是淚水：「我們要以他為榮，上天展現奇蹟，這老人就是當年提供基金的大善人，上天把他帶回他最希望的安息之所。

神奇罷！自己得到半個世紀前所種下的善果，這是感應也是回應，更是佛家所說的因果，隨意埋下的種子，會成為濃蔭蔽天的巨樹。

一個善念，一個善行，都可能帶來無窮的福報！

生命導航

上天展現奇蹟，當年提供基金的大善人，上天把他帶回他最希望的安息之所。

35

有心的人最美

　　你會不會抱怨的說，老天對你不公平，不給你好的人生際遇。同樣的出身，別人有好的地位，你卻是不得志，不是前方的路不平，是你的本事不行！

　　我們來看一位小玉的故事，她由灰姑娘變公主的經過。

　　她學校畢業三年後，和一位跨國公司的總裁結婚了，回國宴客。同學們拉著他要她講出她是如何做到的。同學們大部分還在作助理，小部份升到小主管而已。

　　小玉被逼得說出她的生命傳奇。

　　「我進入一家貿易公司，也是擔任助理工作。但我不甘人生平淡，我要讓我的人生和別人不同。

生命導航／

用心，多學習一點額外的事，老闆的眼睛是雪亮的！

「我多方聽名師和成功者的演講。我領悟到出人頭地的原則，我一定要多充實和學習，我除了去學習各項艱難的專門課程外，每天都第一個到公司，同仁沒洗的杯子我會拿去洗，還會把辦公室雜亂的物品作整理。大家看到後，都覺得不好意思，當我在問問題時，他們都樂於教導我。

　　「秘書告訴我董事長的習性，早上十一點要喝一杯現沖咖啡，下午三點要喝一杯英國茶。我一有空還幫秘書接電話、整理檔案，我從外面的企管課程中得到應對進退的禮儀和接電話的技巧，甚至還自我挑戰，我必須在接到電話的第一時間就叫得出對方名字，這一挑戰，大家都覺得很驚喜！

　　「秘書有一陣子不舒服，請了一個禮拜的假，她推薦我代理她的工作，結果董事長對我的表現非常滿意，要我乾脆留在她身邊。

　　我發覺有一位公司的大客戶，新加坡跨國公司的總裁，單身，很嚴肅，他的生活習性和別的生意人不一樣。他晚上都自己在酒店的咖啡廳裡，不是看電腦就是看書，還自己一個人下西洋棋。

生命導航 ╱
你怪老闆不公平，其實，他眼睛是雪亮的，嘴裡不講，但知道誰能用，誰不能用。

「我想我應該可以陪陪他，讓他不要那麼孤單，於是我去棋社學棋，當他再到台灣時，我的棋力已經可以和他一起下棋了。

　　「就這樣…………不到一年，這位總裁認為我可以幫她共同經營企業，於是，我們結婚了。

　　「這就是我的故事了！」

　　大家無不感歎，太讓人動容了！

　　小玉的學歷不怎麼樣，外表也平平，口才也談不上厲害，但出眾的是她的企圖心和有計畫的出人頭地的智慧。

　　多少年輕人，進入職場，好像生怕吃虧，只做主管交代的事，甚至只願意在時間內做他認為該做的事，時間一到，立刻逃離辦公室。同事忙，和他無關。老闆和主管急，他家的事。

　　不用心，不願多學一點額外的事。

　　老闆的眼睛是雪亮的，嘴裡不講，但知道誰能用，誰不能用。

　　年輕人一路換公司，怪不受重用，得不到好位子，其實都是自己的問題。

生命導航 ╱
只有明確的信念，找到前進的動力，生活才會充滿喜悅，動力無限。

36

人是可以被期許的

　　有一個旅行團到了美國，其中一位團員對其他團員驚訝說道：「美國小孩太聰明了」。別人趕緊問原因，他說：「小孩子那麼小，居然會說英語。」

　　太神奇了罷！大人學了英語一輩子就是開不了口，可是小孩子才幾歲居然英語講得嚇嚇叫。

　　其實也不是美國小孩厲害，看看自己的小孩，才不過兩歲牙牙學語而已，他知道大人講什麼，也知道如何和大人溝通。這是環境和習性的造成，沒有什麼特殊之處。

　　有一個營業單位，來了一個新人，他很勤奮，每天一早來早會，參加早會後，拿了資料就出去，不和同事話東說西，每個月都有十件以上的保單。

生命導航 ／
環境和習性的薰陶，可以塑造一個人。

三個月後，他得到新人王的寶座，上臺分享，他先是分享他是如何開發客戶的，後來有人問他，為甚麼每個月都有超出十件的佳績。

　　他受到這樣的一問，突然愣住，半响才說到：「不是每個月都要做十件以上嗎？」

　　大家哄堂大笑，他面紅耳赤，原來是他誤會了，以為一個月都要十件以上。

　　結果從這個月以後，他再也沒有辦法做出十件以上的成績了！

　　自己是可以把潛力發揮出來的，只要有心，萬事都有可能！

　　在一個國外的公園裡有這麼兩隻天鵝，一隻被剪去了左邊的翅膀，一隻完好無損。

　　剪去翅膀的被收養在較大的一片水塘裡，完好的一隻被放養在一片較小的水塘裡。

　　遊客不解為何這麼做，問管理人員。

　　他們說，這樣能防止它們逃跑。

　　剪去一邊翅膀的無法保持身體的平衡，飛起後就會掉下來；放在大水塘無所謂。

　　在小水塘裡的，雖然沒有被剪去翅膀，但起

生命導航

自己是可以把潛力發輝出來的，只要有心凡事都有可能！

飛時會因沒有夠長的滑翔距離，而只好呆在水裡。

從事業務工作是海闊天空，四海一家，到處都可以是客戶的行業，營銷員們並沒有被剪掉翅膀，也沒有被範圍給設限。

剪掉的是自己的自信，被設限的是想法。

太多的不可能、作不到、我沒有辦法、我人脈不好，讓自己原地打轉、畫地自限。

法國詩人雨果說：「世界上最廣闊的是海洋，比海洋廣闊的是天空，比天空更廣闊的是人的心靈！」

雨果還說：「未來有許多名字，軟弱的人說，未來叫做不可能，信心不堅的人說，那是未知，思慮周詳和英勇的人說，未來叫做希望。」請大家展開無限寬闊的心志吧！

生命導航

世界上最廣闊的是海洋，比海洋廣闊的是天空，比天空更廣闊的是人的心靈！

37

要努力作到忘我

台灣的小學老師要英文檢定。所以老師們紛紛拿起課本背起英文來。

一位老師太入神了，背著背著，不小心走到路中央，被車子給撞倒了！大家把昏迷的他趕緊送到醫院。

經過急救終於醒過來，他被推出急診室，急診室外的家屬問他：「醫生怎麼說…」

他眼珠一轉，毫不猶豫地回答道：「醫生嗎？不就是 Doctor 嗎？」

如果一個人可以學習到忘我境界，那還有甚麼不能達成的事呢！

相同的道理，一個人如果能夠為工作、為事業，發憤用全心，忘寢廢食，像發瘋一樣，隨時

生命導航

如果一個人可以學習到忘我境界，那還有甚麼不能達成的事呢？

隨地，想的都是如何把工作做得更好，怎麼樣找到更多的客戶，也一直想把最好的產品貢獻給客戶。而且心裡面打定主意要做到全公司中成績最好的一個，他必定會出人頭地、脫穎而出。

要成功必先發瘋，沒有神通，都要勤練功。成功沒有奇蹟，都是累積，累積才能有好業績。

在從事保險業的初期，我都是陌生拜訪，每天都用全部的時間沿街拜訪，我常說，台北的大街小巷，每一棟大樓，都被我走過了。

對於客戶的掌握，可說非常的熟練。相信自己的對應，不會被客戶所討厭。

但是一次走進一家印刷廠，豈知才開口「我是某某保險公司！」就被轟出去。

莫名其妙轟出去後，愣在門口不知發生什麼事，想一想如果就此退回，那麼以後公司再來的夥伴不是還得享受閉門羹嗎，於是整理好儀容再鼓起勇氣進去。老闆看我又進去相當生氣，我委婉地問是何因。他才讓我知道是理賠發生了一點誤會。

解釋半天後，他可以接受了，我再希望以後

保險由我服務。他說好，但要我下週六再去。

為了配合他的時間，我只好週六再過去，可是他卻一次又一次地改約另一個週六拖延。

終於要和我談了。

他卻說：「我這八千元是你要我買的保險費，保險我不要，錢我送給你，但你不要作保險，來我公司，我培養你當廠長。」

我說：「公司跟我說過，開創事業就是當董事長，我怎麼會來您這裡作廠長呢？」

他講得很明確，我回答得很乾脆。

他沒有方法把我挖角過去，但接受了我，他的公司、家庭的保障都交給我，從此我們成了好友。

你不被市場、客戶接受，那不是產品、景氣或競爭的問題。是銷售的人的問題，如果你真的很努力，上天必然會感動到來幫助你。

生命導航／

開創事業就是當董事長，怎還要去做廠長呢？

38

擦鞋匠也可出人頭地

行行出狀元，工作無貴賤，只有用心研究和鍛煉。

日本在二戰投降後，市場蕭條，失業率高，源太郎找不到工作，也沒有特殊的一技之長，偶然從一位美國軍官那裡學到了如何把皮鞋擦亮的技巧。他喜歡上這工作，開始四處擦皮鞋，但為了精益求精，只要聽到哪裡有出色的擦鞋匠，就趕去請教，虛心學習。

經過打磨，他的技藝越來越精湛。他不用鞋刷，用棉布繞在右手食指和中指。早已失去光澤的舊皮鞋，經他一番擦拭，無不煥然一新，光可鑒人。

源太郎也到各商場鞋櫃參觀，加深對各國不

生命導航

行行出狀元，只有不用心的人，沒有不能出頭天的機會！

同品牌皮鞋的瞭解；他還到人群聚集的大街，細心觀察人們穿著皮鞋走路的不同姿態。

　　就這樣，他形成了獨特的素養。他與人擦肩而過，便能知道對方的皮鞋皮質如何，產自何處。從鞋的磨損部位和程度，就可以說出這個人的健康狀況和生活習慣。

　　他的超群技藝，打動了東京一家名叫「丘比特」的旅店經理，他將源太郎請到飯店，專門為來這裡的顧客擦鞋。

　　令人驚訝的是，自從源太郎來到「丘比特」之後，各界名流，一到東京便非「丘比特」不住。他們就是要享受一下源太郎的「五星級服務」。當穿著煥然一新的皮鞋翩然而去時，他們就深深地記下了源太郎的名字。

　　源太郎一絲不苟的精神和非同凡響的絕技，為他贏得了眾多顧客的青睞。他的客戶不只來自東京、大阪、北海道，甚至還有全球各地的旅客，在他工作室內，堆滿了要寄往各地的皮鞋盒。

　　當初誰也不會想到，一個擦鞋匠竟能如此的成功。

生命導航 ╱

掌握機會，你會創造歷史，不掌握機會，你會成為歷史。

社會上的行業多如繁星，我們也可以看到一些不被特別注意的工作，如：清潔業、駕駛業、販夫走卒，都突然會有明星般的人跳脫而出。所以，只有不用心的人，沒有不能出頭天的機會。

不要怪老天不給你機會，不要說你條件比別人差，你要出人頭地，你要與眾不同，你必須比別人有心、用心！

多少的劃時代人物，他們的成功都不是從擁有財力和團隊出發的，通常他們都是憑比別人更敏銳的嗅覺和眼光，他們敢嘗試和堅忍卓絕的不怕失敗。

他們不會怪環境、怪時局，他們只怕機會稍縱即逝，他們的勇敢和投入，是創造大好機會的最重要元素。

生命導航

多少劃時代人物，他們都是憑比別人有更敏銳的嗅覺和眼光，敢嘗試和堅忍卓絕。

39

天下大事，必作於細

法國一位年輕人恰可早在讀書時，立志要當一個銀行家。開始時，他鼓起勇氣到巴黎一家最有名氣的銀行去碰運氣。結果吃了「閉門羹」。他並不氣餒，又去了其他幾家銀行，一樣被拒之門外。

幾個月之後，恰可又去了第一家銀行，想辦法見到行長，但再次遭到拒絕，當他頹喪地從銀行大門出來時，突然發現腳邊有一枚大頭針。

想到進進出出的人可能會被大頭針刺傷，小夥子彎腰拾起了大頭針，小心翼翼地用衛生紙包起來，放進旁邊的垃圾桶裡。回到住處後，奔跑了一天的恰可躺在床上休息。他先後求職 52 次，但連一次面試的機會都沒有。

生命導航 ╱

付出是世界上最強大的力量，唯一可以依賴的愛。

儘管命運對自己這麼不公，第二天恰可還是準備再去碰運氣。

　　在他要離開住所時，意外發現信箱裡有一封信。拆開一看，天哪！居然是那家赫赫有名的銀行寄來的錄取函。

　　原來，恰可昨日拾起大頭針的一幕被行長看見了。他認為精細小心正是銀行職員必須具備的素質，於是改變了原先的想法，決定錄用這個小夥子。

　　憑著這枚小小的大頭針，恰可走進了銀行的大門，憑著一顆對一根針也不會放過的心，漸漸得以在法國銀行界平步青雲，後來成為法國的「銀行大王」。

　　「天下大事，必作於細」，在人生的道路上，千萬莫忽視瑣碎的小事！同樣道理，你是一個意氣風發的人，你在奮發前進的大道上，你知道嗎？人們在觀察你，在評判你是不是一個夠格的天使，你的細心和專業可否讓人放心，你適不適合當一個可以託付和信任的人！

　　有好心之人肯定有好報！甚麼是好心？體貼、

為人設想、把眾人利益放在自己的利益之前。把公司當作是自己的公司，愛護、兢兢業業、堅守公司的品牌和信譽。

有一位哲人說，如果我能帶一句話到來生，這句話會是付出，「付出是世界上最強大的力量，唯一可以依賴的愛。」

因為你選擇付出，你的內在永遠有能力付出。付出會讓你人生充滿了力量，會讓你在上天要交付給你的使命上發光發熱！

很多在歷史上被認可和尊敬的人，他們都是相信自己是上天交付任務來這世上做代言人的人，所以他們讓自己努力的發揮一己之長，讓自己在生命的路程上竭盡所能。

生命導航

很多在歷史上被認可和尊敬的人，他們都相信自己是上天交付任務來這世上做代言人的人。

40

信念至上

　　卡內基鋼鐵與惠普（HP）有何相同之處？答案是：「這兩家公司都是在全球經濟彷彿要崩毀的時代成立。」

　　安德魯・卡內基在美國經濟大恐慌時，創設他的第一座鋼鐵廠，利用低成本、人才多的機會，打造出他的鋼鐵帝國。

　　比爾・惠雷和大衛・派卡趁大蕭條尾聲，在加州一間車庫中創辦惠普。

　　不景氣與好景氣，都會造就贏家與輸家。

　　馬登七歲成了孤兒，但他努力創業致富，把成立的四個旅館都交給經理人管理，自己則書寫激勵人心的書。但經濟大恐慌突然來襲，禍不單行，兩個旅館被一大火燒個精光，即將完成的書

生命導航／

否極會泰來，風水輪流轉，沒有永遠的好，也沒有永遠的不好。

稿也付之一炬，他的財產一夕之間付諸流水。

馬登沒有沮喪，更堅定他的信念與責任，並大聲宣揚：「**如果有一個時期，國家很需要積極的心態來說明，那就是現在。**」

他一天只靠一點五美元生活，其餘時間將信念寫在書裡，終於完成《向前線挺進》這本激勵人心的書。書一出版，立刻受到歡迎，暢行全球，他不但使消極的人有了新動力，也讓悲觀的人看到方向，他自己則因版稅，又贏回他所要的一切。

否極會泰來，風水輪流轉，沒有永遠的好，也沒有永遠的不好。最壞的時機也可能是最好的商機，只要心存希望，贏家就可以出現。

一艘貨輪在大西洋上行駛。一個在船尾打雜的黑人小孩不慎掉進了大海。孩子大喊救命，但風大浪急，沒有人能聽見。

一望無際的汪洋。孩子力氣也快用完了，他覺得自己要沉下去了。這時候，他想起了老船長那張慈祥的臉和友善的眼神。

「船長知道我掉進海裡後，一定會來救我的！」想到這裡，孩子鼓足勇氣又朝前游去。

生命導航

如果有一個時期，國家很需要積極的心態來說明，那就是現在！

船長終於發現孩子失蹤了，當他斷定孩子是掉進海裡後，下令返航回去找。這時有人規勸：「這麼長時間了，就是沒有被淹死，也讓鯊魚吃了！」

船長猶豫了一下，還是決定回去找。又有人說：「為一個黑奴孩子，值得嗎？」

船長大喝一聲：「住嘴！」終於，在那孩子就要沉下去的最後一刻，救起了孩子。

當孩子甦醒過來之後，船長問：「孩子，你怎麼能堅持這麼長時間？」

孩子回答：「我知道你會來救我的，一定會的！因為我知道您是那樣的人！」

聽到這裡，船長淚流滿面：「孩子，不是我救了你，而是你救了我啊！我為我在那一刻的猶豫而恥辱，是你相信我會救你的心志導引我再回來找你的，我要感謝你。」

你是不是一個讓人信任、生死相許的人。

在創業的過程中，面臨種種危機，只要信念清楚，就是在性命交逼的危險關頭，你還是可以從容以對，勇於突圍而上的。

生命導航

只要信念清楚，就是在性命交逼的危險關頭，你還是可以從容以對，勇於突圍而上的。

41

寧可有信仰

　　談到信仰，不論是信主、拜神，有些人嗤之以鼻，說這是村夫愚婦的幼稚行為，但我們來看看用科學的統計，有信仰與無信仰家族 200 年對比會讓你大吃一驚！

　　兩個同時代的家族，一家是信基督教的愛德華茲。另一家是著名無神論的宗師尤克斯。

　　當時，無神論的尤克斯對愛德華茲曾說過：「你信的那位耶穌，我永遠不會信！」

　　統計了愛德華茲家族 200 年後的情況，也統計了尤克斯家族 200 年後的情況，詳細統計結果如下：

　　一、愛德華茲家族

　　人口數：1394 人，其中有：100 位大學教授，

生命導航／

時間的偉大，在於它可以見證一切真實與浮華。

14 位大學校長，70 位律師，30 位法官，60 位醫生，60 位作家，300 位牧師、神學家，3 位議員，一位副總統。

二、尤克斯家族

人口總數：903 人，其中有：310 位流氓，130 位坐牢 13 年以上，7 位殺人犯，100 位酒徒，60 位小偷，190 位妓女，20 名商人，其中有 10 名是在監獄學會經商的。

學者溫西普在 1900 年做了一項研究，比較兩個家族，寫成《Jukes-Edwards 尤克斯家族和愛德華茲家族》一書。他追蹤他們兩百年以來的繁衍發展。

時間的偉大，在於它可以見證一切真實與浮華！

很多學者難以理解，歷經百年，為什麼在結果上有那麼大的差別。

經過抽絲剝繭的調查，發現了真正的關鍵，因為愛德華茲家族具備真誠和嚴謹的信仰的力量。

信仰的背後，他們種下了兩顆重要的種子。

第一顆是向善和愛的種子，所以他們家出了

生命導航

欲知前世因，今生受者是。欲知來世果，今生作者是。

那麼多的醫生，教授和大學校長。

第二顆是敬畏的種子。

這種家庭裡出來的孩子，永遠都會記得，舉頭三尺有神明，敬天愛人是根本。

為什麼尤克斯家族有那麼多的流氓，小偷和妓女？

因為這家族的教育裡面，缺少了敬畏心。

沒有敬畏心的教育，他們的內心是：「老天爺算什麼，我才是最大的，沒有我不敢做的……」

這歷經百年的兩個家族，讓我們看到了信仰和愛的巨大能量。

佛家也講；種甚麼因，結甚麼果。欲知前世因，今生受者是。欲知來世果，今生作者是。

所謂因果業報，並非迷信和不可測。

愛因斯坦說，宇宙的每一個現象都有它的原因。你不可輕視和不去重視。

因此，你起心動念，有沒有正直、為他人設想。你的想法，決定你是甚麼樣的一個人。

生命導航　／

愛因斯坦說，宇宙的每一個現象都有它的原因。你不可輕視和不去重視。

42

創意從使命感開始

在十九世紀末的美國。寒冷的雪日，學生不能到室外活動，在教室裡活力無法宣洩，大家都無精打采。

校長問老師詹姆士，可不可以設計甚麼樣的活動或球賽，可以讓學生有事做，讓他們年輕的體力可以奔放。

老師詹姆士思考著，有沒有什麼可以在室內玩的球賽讓學生活動。可不可以讓學生因為有偉大的球賽目標而激情。想著想著，他內心油然升起一股沛莫能禦的使命感。

他從歐式的足球到美式足球都想過。不能太激烈造成傷害，球要大一點好爭奪，場地也不用太大，最好四季、室內室外都可玩。最後他想到，

生命導航／

對需要的人伸出援手，讓每個人都有追求夢想的權利。

把球門掛在牆上，球必需用投的。

再經過規則制定和實證修改後，這球賽變成了二十一世紀最受歡迎的球類活動，這就是籃球的由來！

法國一個博士演員，演了一輩子傻子！他是牛津大學電子工程學博士，所有人都知道他很搞笑。

卻不知道這個「傻子」已經捐款超過三億美元，是「全球捐助慈善事業金額最高藝人」！

他不像有些藝人成名之後生活就不能自理，他沒有助理，沒有一大堆保鏢，自己拿行李，和普通人毫無二致！

他就是著名喜劇演員──羅文‧艾金森！豆豆先生！

這才是典範，這才是榜樣。

看看豆豆先生，我們要想想自己，我們的使命是甚麼？我們可以為世界做甚麼？

只要我們夠努力，又能夠號召夥伴一起努力，我們是不是可以成為終結貧窮、終結疾病的推手。

對需要的人伸出援手，讓每個人都有追求夢

生命導航／

只要我們夠努力，又能夠號召夥伴一起努力，我們可以成為終結貧窮，終結疾病的推手。

想的權利。

　　但你或許在想：「我根本不知道如何做一個大事，也無法號召一百萬人合力完成一件事。」

　　你要知道，沒有人一開始就辦得到。任何想法剛萌芽時都很不成熟，唯有你開始投入，方向才會越來越清晰，不管怎樣，「開始做，就對了！」這是開啟新理想的必要步驟。

　　根據調查，現在的千禧世代大多數看待自己不是以國籍、地區或種族，而是以「世界公民」自居，因此同時，我們的機會是全球性的。

　　我們要建立生命理念，為共同目標奮鬥。

　　從你的責任感和使命開始，一個人的啟動會造成世界的改變。

生命導航

從你的責任感和使命開始，一個人的啟動會造成世界的改變。

43

孔子也會誤會

孔子的臉色相當難看，眾弟子都不知道原因何在，最後推派子路去瞭解。

「人心不古，人心不古。」孔子感歎的說。

「夫子究竟是為了誰生氣呢？」子路問。

「那天輪到顏淵負責煮飯給我吃，竟然被我撞見，他用手抓了幾口飯在吃，把我平日教誨『有酒食先生饌』的話都丟到腦後了。」

居然有這樣大不敬的事！難怪老師要生氣！

子路趕忙找顏淵質問。

顏淵嚇了一大跳，「唉呀！老師居然是為了那天我吃了一口飯生氣，罪過！罪過！不過老師其實是誤會了。」原來那天顏淵煮飯時，掀開鍋蓋後煤灰不偏不倚掉在飯粒上，怕待會老師吃飯

生命導航

親眼看到的事情都會有錯，何況不是親眼目睹或只聽別人說。

時看到不愉快，於是用手把沾了灰的飯粒拿起，捨不得丟掉，一口氣吞下去，剛好讓老師看見了。

孔子後來告誡弟子說：「親眼看到的事情都會有錯，何況不是親眼目睹或只聽別人說。」

事實的真相是大不易，小心戒慎不要輕易相信聽來的傳言，也不要成為傳言的散播者。

另一天，顏淵在街上，見一家布店前圍滿了人。上前一看，買布的大嚷大叫：「三八就是二十三，你為啥要我二十四個錢？」

顏淵走到買布的跟前，說：「這位大哥，三八是二十四，不是二十三呢？你錯了！」

買布的不服氣，指著顏回說：「你算老幾？要評理只有找孔夫子，錯與不錯只有他說了算！走，咱找他評理去！」

顏淵說：「好。孔夫子若評你錯了怎麼辦？」

買布的說：「評我錯了輸上我的頭。你錯了呢？」顏淵說：「我錯了輸上我的冠。」二人找到了孔子。

孔子問了情況，對顏淵笑笑說：「三八就是二十三哪！顏淵，你輸啦，把冠取下來給人家

生命導航

親眼看到的事情都會有錯，何況不是親眼目睹或只是聽別人說的。

吧！」

顏淵從來不跟老師鬥嘴。他聽孔子評他錯了，就摘下帽子，交給了買布的。那人接過帽子，得意地走了。

對孔子的評判，顏淵表面上絕對服從，心裡卻想不通。他認為孔子已老糊塗，便不想再跟孔子學習了。

第二天，他藉故說家中有事，要請假回去。

孔子對他說：「我知道你請假是假的，以為我老糊塗了，不想再跟我學習。你想想：我說三八二十三是對的，你輸了，不過輸個冠；我若說三八二十四是對的，他輸了，那可是一條人命啊！你說冠重要還是人命重要？」

顏淵恍然大悟，「噗通」跪在孔子面前，說：「老師重大義而輕小是小非，學生慚愧萬分！」

從這以後，孔子無論去到哪裡，顏淵再沒離開過他。

事實的真相是大不易，小心戒慎不要輕易相信聽來的傳言，不要成為傳言的散播者，也要知道事情的輕重！

生命導航 ╱

事實的真相是大不易，小心戒慎不要輕易相信聽來的傳言，不要成為傳言的散播者。

44

天下沒有「理所當然」的好處

　　一間學校的老師寫信給福特汽車會長：「我們學校很需要一架鋼琴，懇請您資助我們。」

　　不久收到回信，信封裡只有一百美元。

　　一般人也許大失所望，埋怨福特汽車小氣。

　　但是這位老師不一樣，拿這筆錢購買品質優良的花生種子，在學校種植。

　　那一年，花生收成大好，獲得可觀的利潤。因此，第二年撒下的種子更多。

　　幾年過後，這位老師拿買賣花生的錢，買了一架鋼琴。

　　她將感謝信及花生寄給會長，在感謝信中提到：「我用一百美元購買花生種子，花生有了好的收成、賣了好價錢，終於買下一架鋼琴，非常

生命導航 ∕

天下沒有「理所當然」的好處，人們也沒有一定要幫助你的義務。

感謝您的資助。」

後來，會長回信。

信上寫著：「我以您為榮。請我們資助的人很多，不少人埋怨我只給小額奉獻，甚至不屑一顧。但是，妳不但感謝我，還送我花生作為禮物，令我深受感動。附上一萬美元支票，用作學校未來的發展基金。日後若需要補助，請妳申請，我們會樂意奉獻。」

很多人將別人的幫助視為理所當然；一旦沒有達到期待便嚴加批評，其實天下沒有「理所當然」的好處，人們也沒有一定要幫助你的義務。

古人說「**受人點水之恩，必當湧泉以報。**」現代人感恩心不足，無法體諒他人之辛苦。

父母養育之情，認為「理所當然」。師長教養之心，認為「理所當然」。營業主管的耳提面命，也認為「理所當然」。認為所有的成就和功勳，都是自己得來的，不是主管和夥伴的貢獻。

原一平是全日本有史以來最偉大的行銷員，他之所以成功和偉大，在於他奉持三恩主義：社恩、佛恩、客恩。

生命導航 ╱

「客恩」就是要對每位客戶有無限的感謝之意，才能對客戶有無微不至的服務。

他謙沖為懷，口口聲聲感謝公司的栽培，說是沒有公司就沒有他，原一平十分尊敬公司，晚上睡覺時，腳都不敢朝公司的方向！這就是「社恩」。

原一平內心裡最感謝的是啟蒙恩師吉田勝逞法師和伊藤道海法師，他說若沒有他們的指點迷津，他還只是一名推銷的小卒！這就是「佛恩」。

談到「客恩」，對每位客戶有無限感謝之意，才能對客戶有無微不至的服務。

原一平自稱：「**他的所得除了留十分之一己用外，其餘皆回饋給社會及客戶。**」

就是在這「三恩主義」的指導之下，原一平才取得了那麼大的成就。

原一平用自己的人格和堅定走過了這條荊棘路，成為後人敬佩的「推銷之神」！

如果你從事的是營銷工作，你若要長期從事，你的胸襟、格局和偉大的情懷，是讓你夠偉大的原因。

生命導航

要在行銷界裡長期從事，你的胸襟、格局和偉大的情懷，是讓你夠偉大的原因。

45

有賺錢能力時，要懂得理財之道

　　這是前台灣生產力中心總經理石滋宜先生的演講紀錄，很值得深思。

　　『我本來對錢看的很輕，一直到溫世仁先生過世，我歷經生命的轉折才重新知道錢的重要性。溫世仁曾打了 30 幾通電話找我回台灣。他告訴我他在過去 25 年中賺了 300 多億台幣，他想在今後 25 年把那些錢花在需要的人身上，要我協助他花這些錢！溫世仁要幫助甘肅省黃羊川的貧困民眾『千鄉萬才』走出困境。他覺得我有好點子，一定能夠有意義的花這些錢。

　　沒想到還不到五年，我和他共同創立的全球華人競爭力基金會負債二千多萬。本來基金會成立後他告訴我，錢由他負責，運作模式是由基金

生命導航 ／

錢不是僅僅自己用，更多的錢才能做「更多有意義的事情。」

會執行長負責每年結算時，他把錢匯入基金會。在完全沒有預料中，溫先生于 2003 年 12 月初腦幹中風，第二天就過世了。

為了這筆錢，我開始焦慮不安失眠！身體健康狀況逐漸惡化，突然在 2008 年 3 月 28 日，我在不覺察中下半身癱瘓。

從此以後我改變想法，賺錢是重要的，錢不是僅僅自己用，更多的錢才能作「更多有意義的事情」。我告訴子女，為了老年生活費，至少要存一百萬美元，因為我們要活到一百歲不是問題，除非發生意外！』

這是一篇名人的真實經歷演講記錄，對一些口口聲聲說不用太在乎錢的民眾來說，這是很值得警惕的一個案例！

再仔細來看，石先生為何會癱瘓，當時的溫世仁和他成立基金會，很多費用他先發放和使用，但溫先生的錢居然就不到位了。為何呢？溫先生過世當天，親友到家中致意，有兩位稅捐人員已到了，還告知溫的家人，銀行的錢不能挪動，在焦慮和未亡人不能繼續遺志下，石先生一介學者

哪有這麼多錢，身體因而出事了！

溫世仁先生事業有成，慈心悲憫，要幫助黃羊川縣的鄉民，尤其是貧困學童走出康莊大道，但偌大財富沒有好好規劃，他過世後被徵收了一次遺產稅，繼承財產的太太在 4 年後也身故，兩人都沒規劃，被徵收了 60 億（兩億美金）稅金，號稱是台灣最大的一筆遺產稅。石滋宜先生受無妄之災，身體搞壞了。黃羊川縣的學子少了支助。

這筆稅款如果事先好好規劃，至少十萬所以上的希望小學都開啟了，實在太可惜了，這案例值得心有大願要實行的企業人士或高資產戶注意！

會賺錢，更要懂得理財之道，否則不能留下遺愛，徒留下遺憾。

生命導航

會賺錢，更要懂得理財之道，否則不能留下遺愛，徒留下遺憾。

46

還可以多一點心力

　　二次大戰時，商人辛德勒看到納粹濫殺無辜的猶太人，他用工廠要工人的名義，用了 1100 鎊換了 1100 人，救了 1100 人的性命。

　　後來看到他寶貝的車，他歎道：「我怎麼捨不得賣掉這部車？還可以救不少人！」

　　人們常常以「我已盡力了！」來作為達不到好成績的理由。但事實上，真的已盡力了嗎？難道認為已真的無法可施了？

　　1952 年 7 月 4 日的清晨，濃霧中 34 歲的費羅倫絲從海岸以西 21 英里的卡塔林納島，向加州海岸游過去。如果她成功了，她就是第一個游過這個海峽的女性。

　　在此之前，她是從英法兩邊海岸游過英吉利

生命導航 /

人們常常以「我已盡力了！」來作為達不到好成績的理由。但真的已盡力了嗎？真的無法可施了？

海峽的第一個女性。可是這次，霧大，海水冷，千千萬萬的人在電視上看她。15個鐘頭之後，她渾身凍得發麻。她覺得游不下了，大叫趕快把她拉上船。

另一條船上她的母親和教練大叫要她不要放棄，因為海岸就快到了。

但她除了濃霧什麼也看不到。幾分鐘之後，人們將她拉上船。

後來霧散了，一看，拉她上船的地點，離加州海岸只有半英里！

常常有人說，我盡力了！沒有辦法了！沒有路啊！或者前面的路被堵住了！事實上，該檢討的，是不是自己把路給堵死了。

1956年，松下與大阪製造廠合資，設立了大阪電氣精品公司，製造電風扇。

當時，松下委任西田千秋為總經理。西田千秋準備開發新的產品，探詢松下的意見。

松下對他說：「只做風的生意就可以了。」松下的想法是想讓附屬的公司盡可能專業化。西田希望有其他發揮的心意被松下否定。

生命導航 ╱

我盡力了！沒有辦法了！事實上，該檢討的，是不是自己把路給堵死了！

但西田並未因此而灰心。他再問道：「只要是與風有關的都可以做嗎？」松下回答說：「當然如此。」幾年後，松下到這家工廠視察，看到廠裡正在生產暖風機，便問西田：「這是電風扇嗎？」西田說：「是的。它和風有關。電風扇是冷風，這個是暖風。」

松下精工的產品，越來越豐富，除了電風扇、排風扇、暖風機、鼓風機之外，還有果園和茶園的防霜用換氣扇、培養香菇和家禽養殖用的調溫換氣扇？西田只做風的生意，就為松下公司創造了一個又一個的輝煌。

很多時候，我們都是在埋怨環境、時機，或各種人事，把失敗歸咎給種種的限制。其實堵死我們的不是路，而是我們自己呢！

當我們在要放棄時，是不是再給自己點機會，一點力量，很可能，否極泰來，時來運轉！

生命導航／

當我們要放棄時，是不是再給自己點機會，一點力量，很可能，否極泰來，時來運轉！

47

最偉大的推銷員

　　一位年輕人到百貨公司應徵行銷員。經理說：「你明天來上班。下班時，我會來看你的數字。」隔天五點，經理來到。問他：「我們的行銷人員，一天基本上可以做 20 至 30 筆生意。請問你今天做幾筆買賣？」

　　年輕人：「只有一筆。」經理：「哈！只有一筆？賣多少？」年輕人：「30 萬美元。」經理目瞪口呆，半晌才回過神來：「怎麼可能？賣什麼？」年輕人：「有一個男士進來買東西，我賣給他一個小號、中號、大號魚鉤。接著，我再賣給他小號、中號、大號魚線。我問他哪裡釣魚？他說海邊。我建議他買條船，就帶他到賣船專區，賣給他長二十英呎，有兩個發動機的機帆船。他

生命導航／

天才業務員樂觀熱誠，有路跨步走，無路開路過。

說他的汽車拖不動這麼大的船，於是帶他去汽車專區，賣他一輛新款豪華型大車。」

經理後退兩步，幾乎難以置信：「顧客只是來買個魚鉤，你就能賣給他這麼多東西？」年輕人：「不是，他是來給妻子買衛生棉的。我就告訴他，你這週末沒搞頭，幹嘛不去釣魚？」

天才業務員，樂觀熱誠，有路跨步走，無路開路過，創造最大的生命奇蹟！

全球最大的影印機製造商，施爾公司前總裁「安妮．莫爾凱西」，她曾被《財富》雜誌評為20世紀全球最偉大的百位行銷家之一！

剛出道時，去紐約一家影印機公司應徵。老闆選出三位進行最後的甄選，要他們三個人在隔天展現自己能力，一位說：「我要把產品賣給不需要的人，我要去找農夫！」另一位說：「這主意太棒了！我去找漁夫！」他們要安妮一起去。安妮想一下說：「我覺得那些事情太難了，我還是要選擇容易一點的事情來做！」

第二天，老闆問他們做了甚麼。第一位說：「我花了一整天，把影印機賣給一位農夫！」

生命導航 /

能力不是用寶貴時間做不可思議的事，而是用最短時間完成有價值的事。

第二位也得意的說：「我也用了一整天，讓一位漁夫買了影印機。」老闆聽他們兩人講完後，點點頭。

　　他問安妮：「安妮，你呢？你把產品賣給誰了？」

　　安妮拿出幾份定單：「我用半天拜訪三家經銷商，簽回三張訂單，總共完成了600台影印機！」

　　老闆喜出望外的拿起訂單看了看，然後宣佈錄用安妮。

　　其他兩位提出抗議，老闆說：「**能力不是用寶貴時間做不可思議的事，而是用最短時間完成有價值的事！**」

　　你們認為花一天的時間把一台影印機賣給農夫和漁民，比用半天的時間賣給三位經銷商600台影印機，誰的貢獻比較大？

　　花俏不是價值，價值是功能、實用，給使用者最大的好處和利益。

生命導航 ╱

花俏不是價值，價值是功能、實用，給使用者最大的好處和利益。

48

自我認知

　　半夜大火，瘦弱的婦女扛起冰箱從四樓衝下去。待火熄滅後，大家要她再把冰箱扛回去，不要說扛，連挪動都有困難，這事情實在太神奇。

　　日本也有一個實例。媽媽買菜回來，看到兩歲的小男孩在陽台向她招手，她嚇壞了，連忙揮手叫小孩不要動，但小孩以為媽媽要他跳下來，立即腳從四樓跨出，瞬間，媽媽雙手菜籃一甩，飛奔前去，硬把從四樓掉下的小孩接個正著。

　　警察立刻來調查，因為留下幼兒在家中是違法的行為。但警察更好奇，到底媽媽在接小孩時奔跑的速度有多快？試了幾次，媽媽都沒辦法接到從四樓丟下的模型小孩，請奧運女國手來接也接不到，再請奧運男短跑國手來接，還是接不到。

生命導航

刹那的爆發源於母親的親情，顯現了無法以常態衡量的速度。

是甚麼樣的力量讓她創造了神奇的一幕。

剎那的爆發源於母親的親情，在於不能看到兒子掉在眼前的超動力，母親顯現了無法以常態衡量的神奇速度。

我常看到營銷界裡很多業務員喜歡說「做不到、不可能！」

對競賽、挑戰、晉階的數字要求，什麼都還沒做，先埋怨配額太高、時局太差、同業太競爭、商品吸引力不足。但不管如何，每次的比賽總有人會達成，而且總是那麼地耀眼奪目。

這些超人一等者怎麼做到的呢？

榮耀、需要、不服輸，加上對自己的期許、主管的鼓勵，或者商品的停售、漲價，競賽的名次最後肉搏，年底的封關或開門紅的絕對要求，驚人的力道就出來了。

其實，不要說是和自己的事業有關，平常說做不到的人，可能會在麻將桌上打三天三夜，耐力驚人！

說不可能的人會在 KTV 豪唱到天亮而不自覺。

生命導航 ╱
不是能不能的問題，只要敢要、確定要，源源不絕的力量將會持續發生！

不是能不能的問題，是要不要而已，只要敢要、確定要，源源不絕的力量將會持續發生！

二次大戰時一個製造降落傘的公司，產品總是有若干瑕疵，一千個傘總有一兩個打不開。軍方無論如何要求，總是無法盡善盡美。

軍方火了，在合約上要求製造廠每個成員都要實際操作成功才接受。包括高階領導人、管理人員全部要實地操演。

結果，不良率消失了，產品達到百分之一百的完美。這是怎麼的一回事？

因為事關己，必須要盡人意。事不關己，睜一隻眼閉一隻眼。

所以要創造自己能滿意的人生，你要戰戰兢兢，你要把你的目標、想法，當作最重要的事情看待。你也要把每一天當作最後一天，力求圓滿，力求完美，這是對自己負責，也是為你的生命負責。

生命導航

你也要把每一天當作最後一天，力求圓滿，力求完美，這是對你的生命負責。

49

偉大品牌之間的競爭在於相互贊許

　　馬雲出現在王菲演唱會第一排，票價 100 萬。

　　成功的人都是互相幫襯，馬雲與趙薇是好朋友，而趙薇是王菲最好的閨蜜，所以馬雲支持王菲很正常。

　　正如王健林投資董明珠的汽車創業專案，不看財務報表就投 5 億！成功者都互相幫忙，習慣相互搭台，而不是相互佔便宜，**如果你只想佔朋友的便宜，那麼你在對方心裡也是廉價的！讓成功成為一種習慣、讓欣賞對手成為一種品味！**

　　賓士汽車成立於 1886 年，寶馬成立於 1916年。

　　賓士祝賀寶馬 101 周年慶的海報上寫著：「**感謝 100 年來的競爭，沒有你的那 30 年好孤獨！**」

生命導航

如果你只想佔朋友的便宜，那麼你在對方心裡也是廉價的。

偉大品牌之間的競爭從來不是價格和惡意攻擊，在於相互讚許，把品質作得更好。

　　雙方在尊重的前提下，亦師亦友，亦敵亦朋。因為學習與疼惜，努力超越而共同成長，市場也因此而擴大，民眾更可以得到最大的受惠。

　　競爭可以有格局和格調，彼此成長，而非踩踏！

　　我是 1975 年就加入保險業的，所以可以稱為保險資深人員，我對保險業的發展狀況是深深的關注的。目前在亞洲的保險市場正處於大有發展契機的時機上，機會何其多，行業的互相學習和交流，更是讓有心人獲益。

　　保險業本來就是天天講好話、心存善念、時時做好事的善業，為了讓更多的民眾能蒙受保險庇蔭，我們有責任讓保險從業人員資質更高、能力更好。

　　建議大家盡可能的幫助他人成功。

　　我常接受邀約去做分享，2019 年的秋天到馬來西亞，一趟路就分享七場，而且其他地區還要我過去，分享的本質就是不斷用各種形式幫助其

生命導航 ╱
讓成功成為一種習慣，讓欣賞對手成為一種品味。

他人成長。用你的知識與資源、時間與精力、友情與關愛，持續為他人提供價值。

幫助他人其實是在幫自己。你將會獲得更多的快樂、友誼、朋友、關愛。

你也要不停地編織人際關係網。

人際關係就是生產力，是快樂的源泉。為了擁有更寬廣、更具層次性的人際關係。要給於群族裡的朋友得到你的人脈關係，繼而互相幫襯，互相共利。

你也要定期與朋友溝通，聯絡感情。

朋友不是在要利用他時，才想起他的存在。在編織好自己的人際圈子，不斷擴大的同時，固定與群裡的朋友保持聯繫。如打球，聽演講，找名人名師來分享、一起做公益活動，喝咖啡，吃飯，結伴旅行。常來常往，朋友才會感情更深厚，看得更清楚，更有價值。

生命導航 ╱

朋友不是在要利用他時，才想起他的存在。要善於編織好自己的人際圈子

50

另類的台灣之美

　　微信群中的一篇文章，是一位大陸朋友到台灣旅遊時，經歷的一個經過。

　　兩位年輕的內地學生，到台北忠烈祠，那是祭祀為國捐軀的英靈的神聖地方。

　　大批觀光客看儀兵交接、操演和升旗儀式！

　　大批日本客，居然眉飛色舞的高談闊論，這裡大部分的英靈都是中日抗戰時犧牲的戰士，日本人的囂張是怎麼一回事，讓人討厭的嘴臉。

　　一對看來就知道是大陸籍的老夫妻，到處看牌位。

　　牌位是按軍職，牌位上密密麻麻的都是名字，老人看到同是內地來的年輕人，請求幫忙。老爺子說那是我父親，出生就沒見過，想知道在不在

生命導航 ╱

台灣最美的是默默貼心的付出，不是我對或是你錯的爭論。

這裡。

年輕人第一反應是：這怎麼可能被我們遇上？但還是幫忙的找，找了一大圈後，居然真找到了。

遠征軍、駐印軍的牌位群。

老爺爺哭了，拿個袋子，裡面是水果，一樣樣往外掏，哭著喊爸爸。忠烈祠的管理人員被驚動，進來了；兩個老人緊張的說：「我來看爸爸！我們來給爸爸磕頭！」

工作人員說：「不要哭！國軍有類似電子檔案的東西，去查一下。」

在場就四個大陸人，老爺爺一定要年輕人陪著去。結果真的查到了，還列印了一份出來。

軍人犧牲于 1940 年，一場沒什麼名氣的戰鬥。老爺爺就哭！哭！哭！

此時忠烈祠已經備好了儀兵、花圈、祭祀品，把牌位請下來，單獨給老爺爺祭祀。老爺爺出門的時候，有儀兵開路，進門的時候，全體敬禮！

老爺爺跪著給父親磕頭，供桌上還放著他從江蘇老家帶的一袋子土，母親墳上的土。哭著說了很多，最後說：「爸爸，這是我最後一次看你了，

生命導航

台灣國防部盡量做到對犧牲軍人的完善檔案，以方便後人查訪時祭拜！

我老了，走不動了！」

　　兩位年輕人在旁邊也都哭了……

　　忠烈祠人員說：「我們儘量做到對犧牲軍人完善檔案，以方便將來後人查訪時祭祀。」

　　老爺爺哭的時候說：「媽媽一直擔心爸爸的孤魂野鬼沒人祭拜。」管理人員安慰說：「我們一直有祭祀他們！」老爺爺就說：「謝謝！謝謝！不然爸爸孤獨幾十年！」

　　白髮蒼蒼的兒子，照片上英氣勃發的父親，母親墳上的一杯土；幾十年間的世事，風雨飄搖時代的苦難夫妻！

　　台灣最美的是默默貼心的付出，不是我對，或是你錯的爭論。兩岸的華人都要感念和尊敬這些為國家尊嚴捐軀的英雄，他們當年在年輕的時候，為了抵抗外侮，不讓日寇得呈，拚了命為國家民族犧牲了。

　　如果不是他們，台灣到現在都還會是殘忍、無恥的日寇的殖民地三等國民，那是多麼的情何以堪！

生命導航 ╱

不尊重歷史，圖自己私利和地位的政客，只是受人的鄙夷和厭惡！

第四章

警示

楔子

●

作人要能有品德，作事必須有品質，立業最是要有品格和有品味。

一等人談論價值，二等人閒談家常，三等人專論是非，四等人惹事生非。你是第幾等人？

要成功，要出人頭地，最靠譜的方式就是普渡眾生，造福他人，福份分享別人，最終福氣留給自己、成就了自己。

在靈性提升的時代，在 IT 的刺激和激烈變化莫測的轉換下，我們還是要整合能夠志同道合，敢為人先，正面、正直、正念，利他的英才！

但有太多難以想像的各種危機，包括道德與信仰的危機，加上政客為了選票，不惜媚世，粉飾真相，於是亂象叢生，但誰的正能量越寬、越廣大，誰就可以經得起考驗，走出壯盛的道路。

人生之路一定要與智者為伍，與善者同行，修練自我，心懷蒼生，善行天下，內心強大，永遠勝過外表的浮華。

戒慎恐懼，謹慎為要。你要相信在你的頭上，

有神靈在關注你，引導你，你只要循著正道。用真心，必然得到安寧幸福之天地。

我常覺得，我寫文章的時候會信手捻來，講課時會思緒突來，這不是我的能耐，這是上天借我的手，寫出祂要傳達的理念，借我的口，講出祂的訓誡。

你要相信，你是上天派來的使者，你有你的天命，你有你這一生的使命，你必須勇於承擔，勇於提醒自我，你必須讓你這一生燦爛、風華，有偌大的光芒和奔放！

51

知有前世，今生警惕

　　一件發生在台灣的真人實事，借屍還魂，還生活了 60 年！人證歷歷在目，不由得你不相信。

　　1958 年的 8 月，海峽兩岸發生炮戰，就是轟動全球的金門 823 炮戰。

　　一位朱秀華女士，當時 18 歲，因為時局混亂，糊裡糊塗的跟著逃難的船離開金門，經過很多漂流的日子，船中同伴都死了，到了台灣的台西鄉沿海，被當地漁民看到了，但覬覦船中的黃金，把她和船推下海，豈知陽壽未盡，當地的神明來指示，可藉一吳姓居民之妻子的身體還陽。

　　還陽後，原本一位四十多歲婦人之身軀突然變成少女般的婀娜多姿，文盲變成識字又會記帳，原本葷食改吃素，還改變為金門腔的口音。

生命導航

我們身處的是一個我們未知的多次元世界，動心起念，人神皆知。

事件發生後，全球各地科學家、學者、靈學專家、媒體，實地採訪當事人多次，確認是借屍還魂無誤，當時星雲大師還親自前往探視，並在佛光山旗下雜誌"今日佛教"上報導，當事人林女士一直到 2018 年 5 月過世，是一件世界級的警示案例。

我們身處的是一個我們未知的多次元世界，不要說作甚麼事無人知，動心起念，人神皆知！

人在作，天在看，大善之人不在命數之內，很多書籍和「了凡四訓」都記載得清清楚楚，不可不謹慎！

星雲大師還講了一個也是他遇到的真實故事：

嘉義市圓福寺有幾隻鳥，每天聽經聞法，跟隨大眾念誦「阿彌陀佛」、「爐香讚」等！

有一次打佛七，剛好一隻鳥死了，但不可思議的同一時間，大殿約幾十根蠟燭火光都化為鳥的形狀！現場五百多人無不目瞪口呆。

這說明了，只要能聞法如法，畜生也能得道。

要得道，先知道，能聽道，但不是每個人都可得道。

生命導航
人在做，天在看，大善之人不在命數之內。

在各行各業裡要出類拔萃，沒有歷經千錘百煉名師指點，要脫穎而出是難度甚高的。

但大部分的人卻是自以為是，不聽師長的引導，學習的場合裡心不在焉，於是錯失了成長的好因素，放慢了出頭天的腳步！浪費了自己大好的歲月時光。

與有緣和善心人士、有能力之人相處，正是學習各種為人處事的大好機會，多珍惜，莫自以為是，結果甚麼都不是，事後檢討，那該多懊惱。

有福緣就能得到，無福緣擦身而過，多珍惜福慧俱增，能正心即能出類拔萃。

生命導航

有福緣就能得到，無福緣擦身而過，多珍惜福慧俱增，能正心即能出類拔萃。

52

不要人云亦云

　　三國演義中，作者羅冠中有一段描述曹操個性的過程。

　　曹操逃難到老朋友家，老朋友要隆重招待他，出去買菜前，還叫家人殺豬款待，曹操聽到外面討論該如何殺、怎麼殺，以為朋友家人要加害於他，立刻殺了朋友家人十餘人，待看到案上綑綁著的豬，才知道誤會。

　　鑄下大錯的曹操又把回來的老朋友殺了。屬下問他為何如此，他說若不趕盡殺絕，老朋友見家人遇害一定告到官府，他要逃命就難了，「寧我負天下人，不要天下人負我」。

　　曹操這段經歷道盡他生性好疑，但若以事實而言，這描述不但有誤，甚至貽笑大方。

生命導航

一個人有足夠的水、足夠的食物，就不該抱怨。

為何呢？羅貫中恐只知文人之書而不察老農畜牧之理。

在家畜中，雞鴨鵝或豬羊，待被宰殺時，無不驚奔跑，只有牛，屠刀在前只會掉淚。

豬隻是最頑強的，生死關頭，其叫聲淒厲悲慘，可說方圓數里都可聽到，當被綁時就使出渾身解數的掙扎了，曹操豈有沒聽到之理。

這或許是羅貫中對曹操之不喜歡而捕風捉影而作。

有些人在職場裡，性好張家長李家短，又加以三手傳遞，傳遞過程中加油添醋，渲染不已。

滿城風雨時，被害人出面澄清，或要調查到底是誰在興風作浪，大家便又互相推託，各自抵賴。搞得烏煙瘴氣，對大家都沒好處，但就是有人樂此不疲。

這些人看來無聊，事實上是可憐人，因為他們無法出人頭地，他們沒有好表現，他們沒有辦法讓自己受人肯定，所以用如此方法讓人注意。

一次世界大戰時，一位叫里根貝克的飛行員被敵機擊中落海，倚靠救生筏在太平洋飄流

二十一天，沒得吃沒得喝，當他被救上岸後，有人問他，在這段等待救援的日子中有沒有學到什麼？

他說：「有，我學到了一個重要的觀念，一個人有足夠的水、足夠的食物，就不該抱怨。」

正面的人易得人助，因為正面的人產生一股能量，這能量會吸引人、受人喜歡，人人樂於親近他。

負面的人能量會消失，因為當他在埋怨別人時，他的能量已跑到那個人身上去了，這就是長他人志氣，滅自己威風之理。

星雲大師說：「不要把煩惱帶到床上，不要把怨恨留到明天。」世間很多事是老天爺有意的安排，你改變不了，你不要庸人自擾之。看開世間榮辱興衰，靜待自己可以一展身手時，即是勇於發揮時！

生命導航

不要把煩惱帶到床上，不要把怨恨留到明天。

53

一杯水讓公司倒閉

　　一家開在鬧市的速食店，生意好得很，服務人員忙得不可開交。一天一位媽媽抱著小嬰兒進來，問服務員：「小姐，可以給我一杯水嗎？」服務員說：「『拿杯子來！』『我沒有杯子，可以買一個嗎？』『不行，你買一杯冷飲！』『拜託啦！小孩子不能喝冷飲，你就賣給我一個杯子啦！』」客人實在太多，服務員臉色不好看，乾脆轉頭不理她，招呼下一個客人。

　　媽媽回家後，向鄰居講這件事，鄰居的媽媽很生氣。

　　「太過份了，一杯水也不給！」這媽媽是學校的老師，隔天到學校和老師們講，也跟學生講，還交代說，你們最好不要去這個店。學生回家再

跟家長與朋友們講這件事。

沒多久，這家本來門庭若市的店，學生不見了，路過的客人看到空蕩蕩的位子也不進去了。

後來這個店關門了，收拾善後的老闆和打包的員工大概想不到，一家本來生意好好的店，就因為一個店員的一個不當的態度，一杯水的影響，讓他們倒閉！

這就是蝴蝶效應，是指在動力系統中，一個小小的變化會帶動整個系統的連鎖效應。

沒有一夕成名之事，但一根火柴卻可能造成滿山的大火。台灣有句諺語說：「要好，像烏龜爬山壁那麼慢，但要壞，卻像大水奔潰般的恐怖。」怎能不警惕呢！

再舉一個讓人警惕的習性。

華人和猶太人都很會做生意，但方法大不同。

在一個重要的十字路口，猶太人開了一家加油站，生意很好，其他猶太人紛紛來了，開餐廳、開簡餐店、開咖啡廳、開洗衣店、開商務旅館，大家互補不競爭，彼此都賺得眉開眼笑。

如果是華人呢，一家加油站開了起來，生意

很好，其他華人也來了，但華人卻是模仿力強，右邊開了一家、左邊也開了一家、前面、後面又多了兩家。

雖然孤行獨市不好做生意，但都是同質性，問題就來了，固然吸引了很多加油的車輛過來，但在要客人到自己的店家加油，有人折價、有人提供贈品、有人送洗車，大家的利潤下降，撐不住的離開了，大家都變成冤家，大家都不開心了！

做生意的最高境界，除了注意細節，應該是藍海而不是紅海。

想辦法讓大家都要好，不是你死我活的廝殺。

54

以古鑒今

我喜歡看歷史的書籍，從不同的角度去思考，當時是發生了什麼樣的事！

「歷史的溫度」是張瑋他的微信頭條集結，2020 年，在大陸已經出版了四集，在台灣出了兩集。

他的分析深入和不同凡俗，大部分都讓人感歎不已。

舉個例子，我們都以為清朝時八國聯軍是在毫無阻擋的狀況之下攻進北京的，但其實不是這回事。

原來一路是接受到清兵的阻擋，還差一點倒退回去。

後來清兵為什麼會敗，一方面是高層讓義和

生命導航 /

從歷史的書籍中，以不同角度去思考當時發生了甚麼事。

團箍制，造成了清兵腹背受敵，一方面要阻擋洋人，一方面又要驅趕義和團。

聶士成，當時是直隸提督，他把八國聯軍檔在天津城外，可是義和團一再騷擾他，沒有援軍，因為其他部隊都看穿高層心意。他感到無望，決心以死報國，穿著官服騎馬上橋督陣，洋兵一開始還不打他，但戰馬已被射殺三匹，最後壯烈成仁，洋人把他的遺體給送回，但義和團來搶，洋人再搶回來還給清軍。

身故後，慈禧太后不僅不獎恤，還說他誤國，結果所有的清將全部不再為國家賣命，於是八國聯軍浩浩蕩蕩長驅直入北京。

看到這段歷史，覺得非常扼腕，一個領導人的昏庸，造成曾經輝煌的國家崩潰，從史書來看，當時的一敗塗地，外國兵團都還認為不可思議。

而慈禧太后在經過談判後，賠了大把銀子，割了一大堆土地，骨董文物幾千車的被搬至這些國家的博物館。但她回京後，還是洋洋自得的怪一些談判人員，自己不懂得檢討。

有時候，我會覺得一些公司或團隊的領導人

生命導航

領導人因為私心為用，利益薰心，用弄臣和家臣把持，歷史一再的重複，讓人扼腕！

是不是不看歷史。

在透過繼承或選舉或任命後，掌握了公司執政權，開始把自己人放在重要的位子上，但慢慢的，權力令人腐化，搶佔了可以獲利的位子，再逐步把認為非我族類趕走，公司的忠貞份子不是自我放逐就是噤若寒蟬，至此，一個好好的公司很快的走下坡，甚至再也沒有機會回復原來風貌，而掌權者還津津自得。

一些國家或地區的領導人，因為私心為用，利益薰心，用弄臣和家臣把持，把好好的國家搞壞，經濟不振，國家敗壞，如今歷史卻是在一再的重複，讓人扼腕！

生命導航／

領導人的昏庸，造成輝煌的國家崩潰，這是情何以堪的結果。

55

自以為是，其實甚麼都不是

有一次受邀到台灣最南端的小墾丁渡假中心上課，早上五點有人敲窗戶，眼睛一睜看到是主辦單位的一位經理，他作手勢要我出去，我點點頭，也作動作告訴他，盥洗一下大概五分鐘即夠了，請他在外面稍等。

可是五分鐘後走到外面卻見不到人，左看右看空蕩蕩的，真懷疑剛剛是否真的有人叫我，狐疑之下走到樹下逕自作起運動來。

一百公尺外有一個游泳池，已經有人在游泳，游過來的游過去好像和我打招呼又好像沒有，二十分鐘後，我運動練完了，還是沒看到人，時間還早，於是輕鬆地往後山走。

後山有一條小徑，指示牌寫著可達山頂，才

生命導航

人世間的許多障礙，都是由於自己的愚昧，自以為是所蒙蔽。

七百多公尺而已，緩步走上去，半途還有一土地公廟，我進去燒燒香致個意。

山頂不高但可看到地名為「滿州」的小村炊煙四起，農人開著車在田中小路繞來繞去，這一幅美好的農村圖。俯瞰完後，再慢慢走下山回到原來的住宿地方，赫然見到那位經理在那邊等我。

我尚未開口他先說話了，為什麼他剛才一直向我打招呼我都沒回應。

「你在那裡？」

他說：「我就在你正前面的游泳池裡面游泳呢！」

我一聽「游泳」，心中突然轟的一聲，猛然震嚇了我。

像是頓悟般，突然間我豁然開朗了。

原來人世間很多的障礙都是由於自己的愚昧、自以為是所蒙蔽。

我記得非常清楚，大概三年前有一次大家聊天，談到游泳，這位經理他靦腆的說不會游泳，當場我修理他，身為屏東人、海邊長大而且已經四十好幾歲還不會游泳，簡直不像話，我把他指

生命導航／
所謂的「英雄豪傑」是後天的努力加上天生的個性，造就他們的豐功偉業。

責得無地自容。

不過就在他不知所措時，我補了一句：「其實你也不用太自責，我也不會游泳。」

大家開懷大笑，他也哭笑不得。所以在我印象中，他是不會游泳的，游泳和他是不成等號的。

因此游泳池中有人在游泳，我的心裡根本沒有想到會是三年前不會游泳的他，所以他向我打招呼，我才會無動於衷。

人不也是如此嗎？潛意識裡已將自己定位住了。「我是個不會講話的人！」「我不可能成為成功的人！」「我不可能在比賽奪勝！」

就是這些潛意識的障礙，讓我們無法進步、突破，讓我們變成一個失敗者。我們看看傑出的英雄好手們，他們真的比我們有天賦嗎？他們難道出生就是一個成功者嗎？

所謂的英雄豪傑是後天的努力加上個性的突出，造就了他們的事業，只要我們願意，我們也應該可以作得到！

生命導航 ╱

潛意識的障礙使人無法進步，突破、傑出的英雄好手們、他們真的比我們有天賦嗎？

56

亮點何在

　　為了要制止黑道在酒店鬧事，警察局局長要副局長負起責任。

　　會議中，他要副局長說明到底有什麼行動。

　　副局長說：「我派了 500 個員警在各酒店門口站崗，一個禮拜 7 天，一天 24 小時，都不能休息，而且要把員警小王的小狗小白吊起來！」

　　警察局長大驚：「為甚麼要把小白給吊起來！」

　　副局長說：「你看！我說要派那麼多人，花那麼多時間，作那麼多事，你都沒在意，但我一說要吊起小白，你就立刻那麼驚訝……」

　　另一個真實案例，美國前總統布希開記者招待會時說：「我們準備幹掉 4 百萬伊拉克人和 1

生命導航 ╱
亮點包括了口才、外表、能力、智慧人脈和自己對事業的價值觀與宗旨。

個修單車的。」

CNN 記者問：「1 個修單車的？！為什麼要殺死一個修單車的？」

布希轉身拍拍鮑威爾的肩膀：「看吧，我都說沒有人會關心那 4 百萬伊拉克人吧。」

這就是公眾，他們只關心奇怪的個案，不會在乎一般的狀況！

你有沒有常常和客戶談業務時，他心不在焉，有聽沒有到，你到底要如何才能夠引起客戶的注意！

亮點！亮點！你的亮點在哪裡呢？

一位好友告訴我他被一位 VOLVO 汽車銷售員說服的實例，他本來已經決定要買 BENZ，但是 VOLVO 汽車銷售員對他說：「您是保險從業人員，也是財富顧問師，您想想，當客戶看到您開的是 BENZ 會怎麼想，您財大氣粗，您到底賺了他多少錢，居然開了這麼一部車。但是如果您在客戶面前，開的是代表安全穩重、踏實和實實在在的 VOLVO 汽車。您可以和他談論您為何要開這麼一部車，因為您要長遠的服務他，您必須要安全。」

生命導航 ╱

好奇到尊敬，再到肯定與接受，業務就如此源源而入了，這就是亮點。

當您這麼講的時候，客戶不是更能信任您嗎？

如此一講，立刻被成交了。

這就是亮點。

亮點還包含了口才、外表、能力、智慧、人脈和對自己從事的這事業的價值感和宗旨。

你還要會講案例、講故事。

講案例和講故事，是讓對方有所觸動，心有戚戚焉。

一個很會講理論和條款的行銷員，他的學問再高，他的學歷再好，相信他的成績不可能有多好，因為他無法接地氣，他不能融入客戶的心情中。

我認識一位終身 MDRT 的高桿行銷員，他在和客戶對談中，總是讓客戶問他，甚麼是終身 MDRT，他是如何達成這尊榮的，在敘述的過程中，從好奇到尊敬，再到肯定與接受，業務就如此源源而入了，這就是他的亮點。

生命導航 /

一個很會講條款的行銷員，如果他不接地氣，不可能融入客戶的情境中。

57

賣的是便宜還是便利

　　統一企業在引進 7-11 到台灣的初期，連續虧損了七年，高清愿董事長請顧問師來為企業做診斷。顧問師跑遍了所有分店後，向董事長報告診斷結果。

　　他問高董：「7-11 賣的是便宜還是便利？」

　　高董想了一下說：「應該是便利。」

　　他再問到：「如果一條牙膏比大賣場多一塊錢，顧客會不會買？」

　　高董回答說：「基於便利，顧客因為急著要刷牙，所以不會計較多一塊錢，當然還是會買。」

　　顧問師說：「如果一條牙膏的成本是十元，本來售價 11 元，可以賺一元，現在再多加一元，可賺多少？」

生命導航

生意不是價格戰，而是強化待客之道。

高董回答：「可多賺一元。」顧問師回答：「不，是增加利潤百分之一百。」

高董立刻豁然開悟，便利商店是要給顧客方便為主，這是讓客戶喜歡的原因。

從此，不在價格作折扣，強化待客之道，開店時間改為24小時無休，商品應有盡有，這一來，成為台灣便利商店的龍頭。

另一個有趣的案例。

八十年代初期，台灣三商集團看到外食人口崛起，想介入這充滿機會的領域。

但台灣的餐飲業當時沒有一套完整的技術，只好請教顧問，並花費購買Knowhow。在得到技術之後，「三商巧福」一家一家成立，但生意沒有想像中的好，顧問查訪後回答：「燈光太暗了！」因為店長自作聰明，為了節省電費，將燈光關了一半，要求照明度增加後，果然生意大好。

但沒過多久，客人又變少了。諮詢顧問，原來是生意好，客人不耐久等而流失，於是推出「主力招牌菜」。便宜又統一樣式，生意又回流，但沒多久，營業額又降低了。再請教於顧問的意見，

生命導航

所謂老狗玩不出新把戲，不要因為年資老就忘了學習。

這位專家說：「這店已經開了兩年，該是換店長的時候了！」

一個法國人到度假區狩獵，雇了一隻獵狗，那年夏天他非常滿意！這隻狗能力高強，奮勇異常。第二年夏天，他又到這個地方，向管理員指名要去年他雇用的那條獵犬。

管理員向他搖搖頭，「那隻笨狗已不行了！」同時用手指指向牆邊一隻懶洋洋躺著，並瞇著眼睛曬太陽的狗。「怎麼會變成這樣子呢？」他驚奇的問。

「本來那是一隻很好的狗，但是有一次一位旅客給牠改個名字，名字一改，牠就變成這副德行了」。

「改什麼名字呢？」他急著問：「本來牠的名字叫做 Salesman，被改成 Manager 後，就完蛋了！」

所謂老狗玩不出把戲，讓自己不要因為年資老就忘了學習、成長，讓自己與時俱進才是必要的事。

生命導航／

一家店若是長期呆滯不前，那就是該換店長的時候了。

58

不要相信靈感

　　哈理喜歡創作，但總寫不出滿意的作品。他認為，他必須先有了靈感才能工作，所以，他每天都等待「靈感」。

　　但腦子還是常一片空白。後來，他聽了名作家奧治的經驗，覺得深受啟發。

　　奧治說：「對於『靈感』這種東西，千萬不能依賴它。當感到疲憊不堪，精神全無，連五分鐘也堅持不住了。但仍然要強迫自己寫下去，不知不覺地，在寫作的過程中，情況會改觀。」

　　哈理決定馬上行動。他制訂了一個計畫，從早上八點鐘，他便坐在打字機前。他的任務就是坐在那裡。如果寫不出來，哪怕坐一整天，也決不動搖。

生命導航

對於「感覺」這東西千萬不要太依賴它，懂得鼓舞自己撐下去，不知不覺中情況會改觀的。

他還訂了獎懲辦法：寫完一頁紙才能吃早飯。第一天，哈理直到下午兩點鐘才打完一頁紙。第二天，有了很大進步，不到兩小時，就打完了一頁。

第三天，他很快就打完了一頁紙，接著又連續打了五頁紙，這才想起吃早飯的事情。經過了長達十二年的努力，他的作品終於問世了。這本僅在美國就發行了一百六十萬冊精裝本和三百七十萬冊平裝本的長篇小說，就是我們今天讀到的經典名著《根》。

許多人沒有成功，只是因為給自己太多的藉口，讓自己有了原諒自己的說法。哈理的經過，給我們一個很好的啟示。勇敢描繪夢想者，會詳細計畫未來；真正成功的人士，總會先掌握現在。

有一個人晚上和朋友出去喝酒，喝到午夜酩酊大醉，自己摸黑回家。

他的家在河的對岸，需要坐渡船，船家已經歇息了，幸好岸邊有一艘船，他高興的跳上去，拿起槳拚命往前划。

划呀划呀！划呀划呀！一邊划一邊唱歌，唱

生命導航

勇敢描繪夢想著，會詳細計畫未來，真正成功人士總會先掌握現在。

得起勁，划得滿身是汗，但是突然發覺已經划了很久，這一條河的距離才這麼寬，怎麼還沒到岸。天色微亮，他回頭一看，大吃一驚！怎麼仍然在原來的岸邊。

這一驚非同小可，連滾帶爬地跳下船，往岸上疾奔，嘴裡哆嗦地直念！撞鬼了，突然一雙手攔住他！害他再次嚇得膽破心驚，還好原來是熟識的船夫。他說：「見鬼了！見鬼了！划了半天的船，竟然還在原地。」

「那有這種事！走！去看個究竟。」船夫拉了他往回走。

到船邊沒有什麼異樣！船夫四邊繞了一圈，突然恍然大悟，指給他看，原來船的纜繩並沒有解開，當然划了半天還一樣在岸邊打轉不前了。

有些人拚命一生或努力多時卻不見成果，是不是你有一條繩子綁住你，讓你原地打轉呢？

生命導航

有些人拚命一生或努力多時卻不見成果，是不是你有一條繩子綁住你，讓你原地打轉呢？

59

猶太人的致富絕招！

　　猶太人是很會理財的族群，他們有很多理財致富的絕招，利用保險致富也是他們的秘訣之一。

　　根據記載，他們是這樣利用保險致富的。

　　猶太爺爺花 200 萬為自己買了 2000 萬的保險，離世時，保險公司給父親送來了 2000 萬的理賠金。

　　父親抽出 400 萬為自己配置了 4000 萬保險，當他過世時，兒子拿到了保險公司的 4000 萬支票；兒子毫不猶豫從中拿出 1000 萬為自己購買 2 億元的保險。一筆比一筆更大的財富世世代代傳承下去！

　　猶太民族比普通美國人保險金額高 10 倍。比普通中國人更是高達 260 倍！

生命導航 ╱

財富傳承比企業傳承更重要！

因為他們相信：財富傳承比企業傳承更重要！

猶太人是全世界公認最會投資理財的民族，他們因為以往被欺負，所以他們民族的傳承告誡是必須擁有財富。他們有一個本事，藉保險的力量讓他們的財力更雄厚。

在美國的猶太宗族中，只要出生男嬰，他們便用公積金為這小孩買百萬的保險，約定繳二十年終身保障。

假設百萬保險一年要繳五萬元，若這小孩有事故，保險公司賠的錢一定超出所繳費用，他們已立於不敗之地。

滿二十年了，錢沒領回，若依當年約定的百分之八利率滾存，每九年會增值一倍，若這小孩可以活到一百零一歲，共有九次的增值，從一百萬、兩百萬、四百萬、八百萬、一千六百萬、三千兩百萬、六千四百萬、一億兩千八百萬到兩億五千六百萬。

怎麼算，都是他們贏；這期間的老、病、殘、養、死，全部都沒風險了，而成本只是大家分期集資的一點錢罷了！猶太人的富上加富，真叫人

生命導航 ╱

猶太人的富上加富，真叫人欽佩和羨慕。

欽佩和羨慕。

日本保險銷售之神《原一平》鼓勵從事行銷保險的人，最重要的責任就是盡可能與更多的人接觸。

如果不懂得如何掌握時間，所能會見的人就很有限。

或者只能見到少數幾位客戶，這麼一來工作的半徑就不可能擴大。

他說大客戶也是碰出來的，若機會從天上掉下來，也要懂得接。

人生是有限的，我們應該時時點燃自己生命的火花。所謂行動，凡是你應該做的都是你的行動，但如果每一件事情猶豫不決，就等於減少了做其他事情的時間。

世界汽車銷售紀錄保持者喬．吉拉德說：「銷售，絕不是降低身份去取悅客戶，而是像朋友一樣給予合理的建議。你剛好需要，我剛好專業，僅此而已！」

生命導航 ╱
銷售，絕不是降低身份去取悅客戶，而是像朋友一樣給予合理的建議！

60

口惠實也惠

明太祖曾經當面答應要將張融升任為司徒長史。但是，等了很久，張融還是沒接到任命的消息。有一天，太祖要外出狩獵，眾官員無不兵壯馬肥的列陣以待，只有張融騎著一匹瘦弱異常的馬匹，在隊伍中顯得非常礙眼。太祖當然也注意到了，他召張融前來：「你是怎麼餵馬的，瞧牠瘦成這個樣子。」

張融必恭以必敬的回答：「回陛下，臣每天餵牠一石的豆粟。」

一石的豆粟是相當多的數量，用來餵一隊的馬匹也足夠了，因此大家都相當的驚訝，當然明太祖也相當訝異：「一石？怎麼還會這麼瘦弱呢？」

生命導航 ／

所謂君無戲言，雖一時率性之言，但聽著有心，無法信諾者將身受其害。

「啟稟陛下，其實臣是這樣告訴牠，但事實上沒有真的餵牠這麼多。」

明太祖一聽，當然知道張融話中之意，就不再繼續追問，回到宮中，立刻發佈張融的晉升命令。

所謂君無戲言，雖一時率性之言，但聽者有心，無法信諾者將身受其害。因此，無把握的話少講，做不到的事少承諾。

吳王夫差自從勾踐請降後，得意忘形，每日飲酒作樂，放縱朝政，疏於軍備，終於遭致越國反攻。

當范蠡率越國大軍圍住姑蘇城時，夫差急急忙忙要太宰伯嚭調城中百姓參戰。可是百姓卻罵道：「吳王平日不理國政，只圖自己享樂，對百姓及將士都很苛刻，如果我們幫他打一仗，萬一戰死，父母妻子定得不到妥善的照顧，要是僥倖得勝，我們也得不到任何好處，為什麼要參戰呢？」

伯嚭將實情轉告夫差，請求先犒賞。但夫差生性吝嗇，雖在緊要關頭，仍捨不得給予獎賞。

生命導航

做人要有品德，做事要有品質，立業要有品味及品格。

後經諸大臣苦勸，才勉強答應，發佈抗敵有功者將賞以大夫俸。可是夫差仍說道：「先答應了，但退敵之後是否犒賞，仍在於我。」

而百姓也無法相信吳王真的有此誠意、紛紛說道：「大王好騙人，一定不會實現諾言，我們先答應參戰，敵人來了，戰不戰就由我們了。」

越軍攻城，吳王登上城門。危急時，百姓只是袖手旁觀，不願助陣，無奈中，夫差只好求降，但是范蠡不肯接受。在求助無門之下，一代君王夫差只得舉劍自戕了。

　　成就事業並非只靠英明的領導者便可完成，同樣的，利益也不能只由主管獨享。

　　平日要能寬以待人，利益共享，危難來時，員工才會與公司同舟共濟，而不會輕言離去。

生命導航／

成就事業並非只靠英明的領導者便可完成，同樣的，利益也不能只由主管獨享。

61

有心第一，回饋也第一

同樣的計程車司機，但表現大不相同。

上了車，我向司機問好，他沒吭聲，我向他說明要去的地點，他恍惚地點了一個頭，還是沒吭聲，我不禁懷疑他是否聽障，但沒多久，無線電響了，他和同行用無線電交談，埋怨時機，埋怨政府，還大聲的說，今天一整天只載了八十元，比乞丐還不如。聽得我坐立不安，簡直如坐針氈。

另一次上了車，司機大聲地向我說：「陳先生您好！」（因為我是用叫車的）還立刻問我趕不趕時間，再遞給我一份報紙。報紙相當整齊平順，他說：「報紙我學五星級飯店，用電熨斗燙過，不會髒手。」再接著問道：「您聽古典音樂還是流行音樂？」好一個專業高水準的司機，我被他

生命導航 /
願意接受不是份內的事，可以學到更大的本事。

吸引了，在聊天中，發覺他不但樂在其中，還有載不完的客人，大部分的客戶固定找他，甚至載到國外的客人、接小孩，問他收入好不好，他說好的不得了。

我的一個朋友說起他們大樓管理員的傳奇，他已經七十多歲，但服務精神特佳，一大早會將報紙一戶一戶的放在住戶門口，住戶出門，他不但叫得出每個人的名字，還幫忙開門提東西，家庭主婦買菜、買東西回來，他一個箭步跑出就搶著幫忙搬，門口有陌生人觀望，他會立刻出去探詢，大樓門面他還打掃得乾乾淨淨，他的態度與以往的管理員截然不同，他贏得大家的喜愛，而且也得到相當多的回饋，年節的紅包他特別多，每天都有住戶隨手送給他青菜、水果、禮盒，據說他的太太已長年不用上市場買菜與水果。

話說我才進入公司兩三年的光景，有天行政經理問我：「看來你蠻有文學功力的，部門的月刊由你來製作。」

這是一份吃力不討好的工作，但我覺得有意思、有挑戰性，不加思索就接下來。

生命導航

因為樂在其中，因此樂此不疲！

從此每個月要花一些時間去邀稿、撰述、採訪、編排。但有些人該寫不寫或拖拖拉拉，我就一把抓，雖然辛苦和繁瑣，而且花費相當多的時間，但我覺得可以學到很多我本來不會的東西。經過一段時間的折磨，我樂在其中，我樂此不疲，就這樣我就有了一身編、寫、製、訪、設計的本領。

　　九零年代初期，報社和雜誌也找我寫，我都來者不拒，最高一個月專欄有五六篇。後來能出版了好幾本受歡迎還長銷的書，我認為這都是前面所打下的基礎。

　　付出是最好的收穫，熱情可以得到最佳的回應和成果。若是不願付出和奉獻，當機會上門時，怎會有好的收穫。

生命導航 ／
付出是最好的收穫，熱情可以得到最佳的回應和成果。

62

魔鬼就在細節裡

美國西點軍校為美國培養了兩位總統、五位五星上將、四千位的將軍。根據商業年鑑,第二次世界大戰之後,世界五百強企業裡,西點軍校培養出來的董事長有一千名、副董事長有兩千名、總經理、董事們有五千多名。

西點軍校為何這般傑出呢?答案很簡單—「紀律。」

西點軍校要求學生必須嚴格達到—「準時、守紀、嚴格、正直、堅毅」。不可有任何藉口為自己的失敗辯解,對任何事情要有負責任的剛正精神,對長官服從、誠實,對所交待的任務只有達成,全然執行「使命必達」的完美執行力。

有遵守紀律的人,才能擔當大事,行為舉止

生命導航／

準時、守紀、嚴格、正直、堅毅、不可有任何藉口為自己失敗辯解

嚴謹，才會創造功業。

另一位成功人士的故事，考上耶魯大學的沃爾頓因學費不足而去打工，他承包一個房子的油漆工程，在完工前，一道門不小心倒下，在牆上劃了一道痕跡，他重新把牆補刷一圈，但又和門窗的顏色略有不協調。雖然不細心看看不出來，但他卻向主人預支費用再買漆重刷，主人說：「這個小缺點並不礙事，你就不用如此費心了，何況你重新刷，就沒賺甚麼錢了！」

沃爾頓說：「雖然不能賺錢，也不是很大的缺點，但總是不完美，這是我的作品，不能留下瑕疵！」

主人感佩他負責任的態度和執著的精神，資助他上大學，還把女兒嫁給他，後來還將公司交給他經營。他也不負所望，店在他手中越開越大，遍佈全世界，就是聞名全世界的連鎖店沃爾瑪。

天資好不如學問好，學問好不如能力高。能力高又不如人際關係好，人際關係在加上精神好就更棒了。

有人說華人沒有時間觀念，沒有紀律觀念，

生命導航
我的作品我做主，不能留下瑕疵。

明明講好的時間，硬是要遲到個十分二十分，再以堵車為理由抱歉一聲罷了。其實不然，華人在很多地方是非常準時的，甚至計較到分秒不差。

最起碼有三件事。

一是打高爾夫球，四個人一經約好，球場的時間也排定，時間一到人員未齊，但後面的組已蓄勢待發，斷無等未到的人到了才發球之道理。

二是打麻將，時間講好未到，三缺一不但是掃興也不成局，下次即被判出局。

三是入土為安時，時間必算準，否則錯了時辰，害了子孫未來發展，豈是小事？

有些人沒有時間觀念，約會老是遲到，他們不準時，是看是何事再看要不要準時。認清這些道理，很多事情就較好辦了。

生命導航 ╱

有些人沒有時間觀念，約會老是遲到，他們不準時，先看是何事再看要不要準時。

63

誠信的重要性

　　義大利一家電信公司招考員工。初試後，公司給通過的人一袋綠豆種子，要他們在指定時間，帶著發芽的綠豆回來，誰的綠豆種得最好，誰就能獲得這份工作。

　　指定時間來臨，每個人都帶著一大盆生意盎然、欣欣向榮的綠豆芽回來，只有一個人缺席。

　　總經理親自打電話問這人為何不現身？

　　此人抱歉的說：「因為我的種子還沒發芽，我大概沒有這個工作機會，所以去也沒有用！」

　　但總經理卻告訴這孵不出綠豆芽的先生說：「你，才是唯一被我們錄用的新人！」原來，那些種子都是被處理過的，不可能發芽。

　　種不出綠豆芽，正證明了這位老兄是一個不

生命導航 ／

如果表現卓越是魚的話，操守就是讓魚生存乾淨的活水。

做假的人，公司高層認為，這樣的人必也是一個有道德操守的人。

有一句西方諺語說：「**如果表現卓越是魚的話，那麼操守就是乾淨的活水！**」

這話的意思是，工作追求卓越固然重要，但不講道德操守，一切都可能落空！

在各行各業裡，誠信是最重要的事，誠信之所以能夠創造價值，就因為誠信本身就是無價的。當你把誠信當成信仰和責任，你就贏得了人們的支持。

我看到多少資質非常好的年輕人進入行銷界，每個人都看好他，學歷好、長相好、口才好，可是短期間離開了原來的平台，究竟發生甚麼事呢？

我觀察出幾個原因。

首先是好高騖遠，想得多，做得少，光說不練。這種人在團隊裡佔比不少，以為果實可以從天而降，每天東摸摸，西混混，不實地操作，不接地氣，不可能有好成績，甚至到處找機會換平台或公司。

第二是急功近利，要想賺快錢，不願按部就

生命導航 ╱
追求卓越固然重要，但不講道義、操守一切都落空！

班，不踏實。甚至遊走法令邊緣，退佣搶CASE，以為只要小心一點就沒事，但要知道，黑路走多了總會碰到鬼，一出事就無法挽回了。違反行業道德，破壞行業規矩，只圖自己獲利，不讓他人生存，說來還是走短線，哪能夠長治久安。

第三種狀況是自欺欺人，不照著公司的要求或可以成功的軌跡走，出門就是打混，報表就是做假，甚至生意也不實在，為了晉升、出國、比賽，弄了一堆假生意，當然他一段時間後就陣亡了。

第四種狀況也很多，憤世嫉俗，不合群，不接受公共工作。甚至天天下毒藥，批評埋怨吐苦水，破壞團隊氣氛，毒死一堆人，自己也中毒陣亡。

要長治久安，最重要的是態度。永不頹喪的熱誠，樂觀積極的個性，加上誠信的大原則，日積月累，必有大成就。

生命導航 ／

要長治久安，最重要的是態度。永不頹喪的熱誠，樂觀積極的個性，加上誠信的大原則。

64

三條魚的啟示

　　海洋深處的馬哈魚。母馬哈魚產完卵後，就守在一邊，孵化出來的小魚還不能覓食，只能靠吃母親的肉長大。母馬哈魚忍著劇痛，任憑撕咬。小魚長大了，母魚卻只剩下一堆骸骨。馬哈魚是一條母愛之魚。

　　微山湖的烏鱧，產子後便雙目失明，無法覓食，孵化出來的千百條小魚天生靈性，不忍母親餓死，一條一條地主動遊到母魚的嘴裡供母魚充饑。母魚活過來了，子女的存活量卻不到總數的十分之一，它們大多為了母親獻出了自己年幼的生命。烏鱧是一條孝子之魚。

　　每年產卵季節，鮭魚從海洋洄游到位於陸地上的出生地。回家的路上要飛躍大瀑布，瀑布旁

生命導航 ╱

你可以不相信佛法，但不可以不信因果，你可以不信因果，但不能不敬鬼神！

邊守著成群的灰熊，不能躍過大瀑布的魚進入了灰熊的肚中；躍過大瀑布的魚已經筋疲力盡，卻還得面對數以萬計的魚鵰獵食。只有不多的幸運者才可以躲過追捕。鮭魚是一條鄉戀之魚。

藏族人是不吃魚的。他們認為，凡動物遭遇痛苦大多是會發出控訴、抗拒的聲音，或者是低低哀號，甚至淒厲慘叫；而魚是「啞巴」，被剖殺時，一丁點極細微的呻吟都無法發出，只能眼睜睜默默忍受痛苦。因此，相較而言，魚的痛苦是加倍的。

生活中的許多弱勢族群，他們是先天、後天有了各種殘疾，或智力、體力，家庭環境方面不如人。正因為這樣，他們合法的權利常常被人漠視、輕視。而他們，也比一般人更要忍受侮辱、不公和傷害。他們就像是人群中「啞巴的魚」。

所以請尊重生命，請愛護弱勢族群。你可以不信佛法，但不能不信因果。你可以不信因果，但不能不敬鬼神。

二戰後，德國總理已經兩次向受難的國家下跪及表達懺悔，從而德國人可以站起來。

生命導航 ╱
請尊重生命，愛護弱勢族群。

但日本人至今沒有悔意，首相安倍在 2013 年 4 月還身穿迷彩裝炫耀武功，世人對日本是難以釋懷和無法尊重。

從戰後賠款更看出差異，德國預估到 2030 年將賠償約九百億美元。日本對南韓、東南亞諸國賠償約十八億美元。但對自己的國民補償的額度已達三千八百億美元。

戰後中國為維持日本天皇體制不出兵佔領日本，讓日本免除被瓜分之厄運，以德報怨，不向日本索賠，讓日本很快藉韓戰越戰而站起來。

但無恥者恩將仇報，日本是戰敗國，卻在美國授意下併吞了琉球，佔住釣魚臺，還不承認二戰的罪行。

日本恩將仇報的行徑，不但得不到尊重，天理也難容。福報用完之後怕又有什麼災難降臨！

還有曾經被欺凌過的國家某些政客，以諂媚討好的低下姿態去迎合對方，姿勢難看讓人不恥！

生命導航 /

一個曾經做了滔天大罪的國家，不肯道歉，不但得不到尊重，天理也難容。

65

不要因小失大

　　乾隆年間，南昌有一位書生，在北京等待京試。

　　一天他去逛書店，一位少年正在結帳，掉了一文錢在地上，他不去告訴少年，還用腳踏著，等對方走後，他把銅錢撿起來放口袋裡。

　　旁邊一位老翁看了這個狀況，問了他的姓名，含笑而去。

　　後來這位書生考上了常熟縣令，按規定赴任之前，先得去看上司，可是他上門拜謁十次，一次也未獲見，最後一次下人還傳出口諭，不必前去赴任，名字已經被剔除，書生驚問何因，答「貪！」

　　再告知當年書店一文錢之事還記得嗎？「為

生命導航

作秀才時視錢如命。若為地方官豈能不刮地三尺。

秀才時尚一錢如命，今天僥倖為地方官，豈能不刮地三尺。」書生頓悟，當時在書店問他姓名的老翁就是今天的上司啊！

這位書生因小失大，應該知道非吾之所有，雖一毫而莫取！

再談一件因小失大的事，你就知道不能貪圖小利的道理！

歐洲某些國家的地鐵系統售票處是自助的，沒有檢票員，甚至連隨機性的抽查都非常少。

一位中國留學生發現了這個管理上的漏洞，在留學的幾年期間，他一共因逃票被抓了三次。

他畢業後，試圖在當地尋找工作。他向許多跨國大公司投了自己的資料，可是都被拒絕了，一次次的失敗，他認為一定是這些公司有種族歧視的傾向。最後一次，他衝進了一家公司的人力資源部經理辦公室，要求經理給出一個不錄用他的理由。

「先生，我們並不是歧視你，相反，我們很重視你。從工作能力上，你就是我們所要找的人。」

生命導航 /

不尊重規則，善用漏洞並惡意使用，不值得信任！

「那我為何不為貴公司所用？」

「因為我們查了你的信用記錄，發現你有三次搭地鐵逃票被處罰的記錄。」「我不否認這個。但為了這點小事，你們就放棄了一個人才？」

「小事？我們並不認為這是小事。你第一次逃票是在你來此地後的初期，說自己還不熟悉自助售票系統，給你補了票。但在這之後，你又兩次逃票。」

「那時剛好我口袋中沒有零錢。」「不、不，先生。我不同意，你可能有數百次逃票的經歷。」「幹嗎那麼較真？以後改還不行？」「不、不，先生。你不尊重規則，你擅於用漏洞並惡意使用；你不值得信任，如果你負責了某個地區的市場開發，公司給你許多職權。我們沒有辦法設置複雜的監督機構，確切地說，在這個國家甚至整個歐盟，你可能找不到雇用你的公司，因為沒人會冒這個險的。」

貪小便宜本是人性，但在重要關鍵上，貪小便宜變成了不可饒恕的罪刑，不可不慎矣！

生命導航 ╱

貪小便宜本是人性，但在重要關鍵上，貪小便宜變成了不可饒恕的罪刑，不可不慎矣！

66

不要輕視你身邊的任何人

　　一對穿著普通的老夫婦，沒有事先約好，直接去拜訪哈佛大學的校長。

　　校長的秘書把他們給擋駕了。秘書說：「校長整天都很忙吧！」

　　老太太回答說：「沒關係，我們可以等他。」

　　過了幾個鐘頭，秘書一直不想理他們，希望他們知難而退，但他們卻一直等在那裡。

　　秘書終於通知校長：也許他們跟您講幾句話後就會走開了。

　　校長心不甘情不願地來面對這對夫婦。

　　老太太告訴他：「我們有一個兒子曾經在哈佛讀過一年的書，他很喜歡哈佛，他在哈佛的生活很快樂。但是去年，他出了意外而死亡了。我

生命導航 /

史丹佛大學培育了全球科技行業百分之九十的菁英，但本來這殊榮是哈佛大學的！

丈夫和我想在哈佛校園裡為他留一紀念物。」

校長粗聲地說：「夫人，我們不能為每一位曾讀過哈佛而後死亡的人建立雕像的。如果我們這樣做，我們的校園看起來像墓園一樣。」

老太太說：「不是的，我們不是要豎立一座雕像，我們想要捐一棟大樓給哈佛。」

校長看了一下他們穿著，吐了一口氣說：「你們知不知道建一棟大樓要花多少錢？我們學校的建築物，每棟最少都會超過750萬美元。」

這時，老太太低下頭沉默不講話。

校長很高興，總算可以把他們倆打發走了。

老太太轉向她丈夫說：「只要750萬就可以建一座大樓了？我們為什麼不建一座大學來紀念我們的兒子呢？」

就這樣，加州有了史丹佛大學。

這就是美國的五大名校，也是世界著名的學府「史丹佛大學」的由來。這所名校培育了全球科技行業百分之九十的精英。

請不要輕視你身邊的任何人，搞不好他是你的大生意源頭，但因為你的目中無人，你失去了

生命導航／
輕視別人，正是輕視自己！

機會。

　　真實的一個案例，一個穿得非常老土的老伯，進入銀行的櫃檯，大家都忙著，這銀行通常服務的都是高端客戶。

　　這位老伯就這樣被推給一位菜鳥理專。

　　誰知道，這位老伯因為土地重劃，得到大筆的錢，身上有數十億的現金正要找出路。結果這位菜鳥一下子成交了十億的理財型保單，還不單單如此，他還介紹和他一樣滿身現金的鄰居們一起來開戶，他的成交額轟動了整個金融界。

　　那些推開財神爺，有眼無珠的資深理專們，懊惱得要死。

　　輕視別人，正是輕視自己！

生命導航 ╱

不要輕視身邊的任何人，搞不好他是你的大生意源頭。

經典系列 02

生命的醒悟──心轉命轉！

作者 / 陳亦純
發行人 / 彭寶彬
出版者 / 誌成文化有限公司
　　　　地址：116 台北市木新路三段 232 巷 45 弄 3 號 1 樓
　　　　電話：(02)2938-1078 傳真：(02)2937-8506
　　　　台北富邦銀行 – 木柵分行 012 帳號：321-102-111142
　　　　戶名：誌成文化有限公司
封面、內文排版 / 張峻榤
總經銷 / 采舍國際有限公司 www.silkbook.com 新絲路網路書店
印刷 / 上鎰數位科技印刷有限公司
　　　　地址：新北市中和區中山路二段 366 巷 10 號 3F
　　　　電話：(02)8245-8786（代表號）
　　　　傳真：(02)8245-8718
出版日期 / 2020 年 3 月
ISBN978-986-96187-8-6(平裝)
定　　價 / 新台幣 280 元

國家圖書館出版品預行編目 (CIP) 資料

生命的醒悟 : 心轉命轉 / 陳亦純著 . -- 台北市 : 誌成文化 , 2020.03
　　224 面 ; 13×19 公分 . -- (經典系列 ; 2)
　　　ISBN 978-986-96187-8-6(平裝)
　　　1. 成功法 2. 生活指導

177.2　　　　　　　　　　　　　　　　　　　109000904

團購單

如果您在看完此書後，認為對您的公司或團隊有促進成長的功效，也覺得需要推薦給好友的團隊。

在利人和利己的效益中，我們還可以幫助清寒學生，讓他們在求學之路多一分的溫暖和實質力量。

◆　　◆　　◆

請團購

□ 　50 本每本 200 元，總價 10000 元，捐助　5000 元。
□ 100 本每本 200 元，總價 20000 元，捐助 10000 元。
□ 200 本每本 200 元，總價 40000 元，捐助 20000 元。
□ 300 本每本 200 元，總價 60000 元，捐助 30000 元。

團購單位名稱：＿＿＿＿＿＿＿＿＿＿＿＿＿＿＿＿＿＿＿
聯絡人：＿＿＿＿＿＿＿＿＿＿手機：＿＿＿＿＿＿＿＿＿
信用卡別□ Master □ VISA
信用卡卡號：＿＿＿＿＿＿＿＿＿＿＿＿＿＿＿＿＿＿＿＿
信用卡：有效日期：西元＿＿＿＿＿＿年＿＿＿＿＿＿月
持卡人姓名：＿＿＿＿＿＿電話：＿＿＿＿＿＿
地址：＿＿＿＿＿＿＿＿＿＿＿＿＿＿＿＿＿＿＿＿＿＿＿
傳真：（02）2938 - 4387
填卡後請傳真或用 LINE 回傳，我們會很快和您聯繫。

視 頻 類

一、生活藝術 (共600分鐘)

▶ A篇 共12集 售價480元

01 胡川安—你所不知道的日本
02 羅懿芬—說出你的專業
03 鄭雲龍—健康自脊來(上、下)
04 趙政岷—閱讀之樂樂無疆(上、下)
05 許舒博—老齡化危機的應變策略(上、下)
06 蘇麗文—唱出心內的門窗(上、下)
07 張明致—終身學習的關鍵(上、下)

二、志工大愛 (共180分鐘)

▶ 共6集 售價240元

01 王建煊—無子西瓜盡舍財產
02 賴繡華—推廣孔子大道汲汲海內外
03 林德文—桃園復興山上的史懷哲
04 陳在惠—在花東照顧原民小孩的牧師
05 陳意春—為艋舺乞丐留下「愛愛院」
06 曾寶玉—每周愛心讀書會、施棺扶貧

三、理財小品 (共144分鐘)

▶ A篇 共12集 售價100元

吳筱芸—別忙著購買保險、保險權益要知道

▶ B篇 共12集 售價100元

李裕欽—別忙著賺大錢,財產保固最重要

四、陳亦純音頻類 (約300分鐘)

▶ 共58集 售價400元

01 了凡四訓--改變命運的21個秘密
02 養得起的未來

四套經典課程共計$1320

 贈 總價值1100元商品

首發優待價
NT$1100

線上購買

1.掃描左側QR CODE
2.將視頻加入購物車
3.信用卡線上結帳

填 表 回 傳 購 買 (傳真02-2381-8788 / LINE)

LINE回傳

信用卡別:□Master □VISA
信用卡號:
信用卡有效日期:西元　　　年　　　月
持卡人簽名:
姓名:
電話:
地址:

凡 訂 閱 成 功 者 可 於 2020 搶 先 觀 看